忙しいママでもイラストでわかる！

グングン

ウチの子の才能が伸びる 0歳から10歳までの子育て習慣

監修　竹内エリカ
著　トキオ・ナレッジ

SDP
STARDUST PICTURES

はじめに――

今も最高だけど
どんな風に成長
するんだろう…
この子の将来が
楽しみすぎて…
つらい……‼
すぴー

びえ〜ん
びえ〜ん
でも……私の育児のやり方で
本当に素敵な子に
育ってくれるのかな…？
不安…

ソワ
ソワ
ハラハラ
アリしゃん〜
キャッ
キャッ
ビタ〜ン
だいたい……
今もこんな感じ
だしな……

お呼びですか？
いったい、
どうすれば……!!
Oh my god!!
んっ？
誰かな……？
Who are you ?

はじめまして、竹内エリカです。

私は1万5000人以上のお子さんを見てきたキッズコーチングのスペシャリスト。言うことを聞いてくれない子、とにかく乱暴な子、人見知りが激しすぎる子、こだわりの強い子、わがままな子etc.——彼や彼女、そしてご両親が抱える問題を解決し、不安を希望へと導いてきました。

そう。どのママもパパも、不安いっぱいでお子さんと接していたのです。成長が楽しみな反面、「本当に素敵な子に育ってくれるんだろうか？」ってね。でも、「素敵な子」って、どんな子なんでしょう？

たとえば、笑顔が輝く子。
たとえば、好奇心旺盛な子。
たとえば、かしこい子。
たとえば、意欲のある子。
たとえば、たくましい子。
たとえば、思いやりのある子。

たとえば、社会性のある子。
たとえば、人生を楽しめる子。
たとえば、理解力のある子。
たとえば、自立した子。
ゴールはきっと、幸せな子――。

わが子へのリクエストはたくさんあるけれど、そのために自分たちが「どうしたらよいのか?」という問いに明確に答えられるママやパパは少ないように思います。けれども、難しく考える必要はないんです。

声かけや接し方ひとつで、眠っていた力はすぐに芽吹き、やがて大きな花を咲かせることでしょう。その可能性は無限大です。本書では、簡単にできる声かけと接し方のコツを年齢別に解説しています。
この本によって、ご両親が抱えるたくさんの不安を吹き飛ばし、お子さんの未来を輝かせる一助となることを願ってやみません。

忙しいママでもイラストでわかる！
ウチの子の才能がグングン伸びる 0歳から10歳までの子育て習慣

contents

CHAPTER

2

3歳から5歳までに始めたい子育て習慣 050

CHAPTER

3

6歳から8歳までに始めたい子育て習慣

contents

CHAPTER 4

9歳から10歳までに始めたい子育て習慣

CHAPTER

1

0歳から2歳までに始めたい子育て習慣

安心の花が咲けば、笑顔が輝く子に育つことでしょう。

元気の花が咲けば、好奇心旺盛な子に育つことでしょう。

こだわりの花が咲けば、かしこい子に育つことでしょう。

保育園・幼稚園入園前に身につけたい力の育み方、お教えします。

笑顔が輝く子に育つ

0歳からの

安心習慣

P014

好奇心旺盛な子に育つ

1歳からの

元気習慣

P030

かしこい子に育つ

2歳からの

こだわり習慣

P040

「愛」があれば、子どもの自信は育つ

赤ちゃんと信頼関係が築けなかったら？

親と信頼関係が築けなかった子は、対人不信感が強くなる傾向があります。

なんにでも一生懸命に努力する力、まわりの人とあたたかな信頼関係を築いていく力。こうした力は「頑張ろう？」「人と仲よくしよう？」といった声かけではなかなか育むことができません。こういった力を育むのは、

自分に自信を持ち、まわりの期待に応えたいというモチベーション。

この気持ちが芽生えないと、ポジティブ思考やコミュニケーション能力は育まれません。

では、その〝芽生え〟に必要な栄養はなんなのでしょう？ それは、あなたから子どもへの全面的な信頼です。そして**ゴールは、あなたからの一方通行の信頼ではなくて、子どもからも信頼してもらうということ。**そのためにも、「信頼しているよ」というメッセージをしっかりと伝えていきましょう。「0歳だからまだわからないだろう」とか「どうせ覚えられないし」と思ってしまいがちですが、

自己肯定感とは？

「自分は大切な存在なんだ」と自分を肯定的にとらえる気持ちのことです。

そんなことはありません。どうか、0歳のわが子を信頼してあげてください。「体が小さくて心配……」とか「ハイハイがまだできない……」なんてネガティブ思考は今日でおしまいにしましょう。そもそも、親は子どもにとって、一番の応援団長とも言うべき存在。「ウチの子は全く問題ない！」をあなた自身に言い聞かせて、子どもと接するよう心がけましょう。家族が信頼してくれたことで頑張れたという経験は、あなたにもきっとたくさんあるはず。それを思い出しても、前向きな気持ちになれるかもしれませんね。

子どもに信頼してもらうために大切なのは、あなたからの無償の愛です。

「自分は親に愛されている」と実感した子どもは、絶対的な自己肯定感を持ち、あなたを含む誰かを信頼し、愛することができるようになります。これは、誰からも信頼され愛されやすくなるということ。物事に前向きな気持ちで取り組めるのはもちろんのこと、**心理**

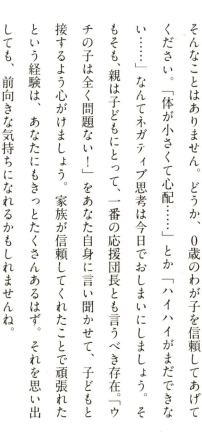

ママはボクのこと、
大好きなんだよね！
今はできないこともいっぱい
だけど、できるように頑張る!!

親に愛されていると実感することで子どもの自信は生まれる

学的にも、無条件に愛情を注がれた子どもは条件付きで愛情を注がれた子よりも進学や就職でよい結果を出した、という研究報告があります。

ひとりっ子がこの「愛されている」実感を得やすいのはそのためです。親の愛情がきょうだいに分散することなく一身に受けられるからですね。きょうだいがいてももちろん大丈夫。ポイントは比較しないこと。ひとりひとりの成長を等しく認めてあげてください。

愛情は「かわいくてたまらない」とか「大切に思っているよ」という言葉にするのがベストです。言われたほうはもちろんのこと、言った本人やまわりも幸せな気分になれます。ただ、ほめるのが苦手なら無理をすることはありません。あなたがよく観察し、気持ちに余裕をもって微笑みかけたりうなずいたりするだけでも、子どもはしっかりと愛を感じ取ってくれるはずです。**どうしても泣きやまないときは、愛情ホルモンが出ると言われる「7秒間」、子どもをギュッと抱きしめてあげてください。**

やさしい声で話しかけてあげれば、ストレスに強くなる

ソボクなギモン
女の子のほうが視覚は敏感だってホント？
??
繊細な色を見分けるのが得意です。明るい色のおもちゃを与えてみましょう。

赤ちゃんが泣くと、ママは理由探しに一生懸命。おむつを確かめたり、「眠いのかな?」「暑いのかな?」と、あれこれ想像することでしょう。ときには、何をしても全然泣きやんでくれない！　と、イライラしてしまうことも。そんなときは、

「安心感」を与えてあげましょう。カギとなるのは「音」「匂い」「動き」。

まずは「音」。誕生して間もない赤ちゃんは、聞き覚えのある歌や言葉を聞くと安心します。聴覚が発達する妊娠28~41週の頃にママが歌った歌や、お腹にむかって読み聞かせた物語を聴かせてあげるといいでしょう。ちなみにパパの声は妊娠中のお腹にまで届かないため、残念ながら効果は少ないようです。また、「匂い」も大事です。妊娠7ヵ月になると、お腹の赤ちゃんはすでにママの匂いがわかるようになっています。**ママの匂いやおっぱい、石けんの匂いなどを心地よいと感じ**、泣いたりむずかったりする時間が短くなり

赤ちゃんが学ぶのに効果的なのはいつ？

赤ちゃんが心地よい状態のときです。やさしく話しかけてあげましょう。

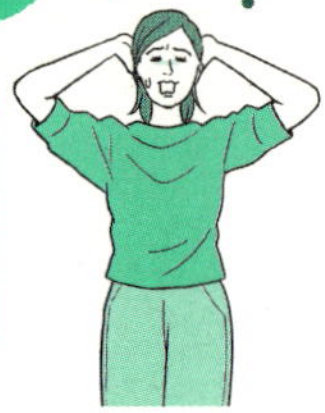

ます。ママの自然の香りを感じさせてあげるといいですね。

「動き」は、お腹にいた頃に感じていたリズムに近くなるよう、ママが赤ちゃんを体に密着させて散歩するのが一番です。**お腹の中そっくりの環境にすると、赤ちゃんは安心して泣き止むと言われています。おくるみや横向き、うつぶせといった姿勢は安心につながります。**泣き始めてしまったときは、やさしく抱きかかえてゆらゆらしてあげましょう。背中をやさしくトントンしてあげたり、スリングで散歩や買い物に行ったりするなどのスキンシップは、どれも赤ちゃんのストレス解消に効果バツグン。どんどん取り入れてみましょう。このとき、「いつも一緒よ」「大好きよ」などと言葉をかけてもいいでしょう。「まだ言葉は理解できないし……」と思うかもしれませんが、赤ちゃんにもしっかり届き、心が安定しやすくなります。五感を刺激すればするほど、

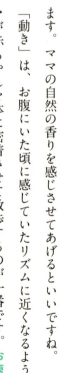

そよ風、太陽、
おもちゃの色、ママの声。
いろんなものを見て、聴いて、
感じているよ！

身近なもので
ストレス解消＆感性アップ！

赤ちゃんの脳はたくさんの情報を受け入れられるようになります。

感じる力を伸ばすことで、想像力や好奇心も培われるでしょう。

赤ちゃんの能力の中で、最初に発達するのは聴覚です。やさしい口調で話しかけ、いろいろな音楽を聴かせると、言葉の発達が早くなると言われています。次は触覚。スキンシップや赤ちゃん体操、ベビーマッサージなどいろいろな方法があり、これらは筋肉の発達をうながして、運動神経をアップさせます。ほかにも、触れながら話しかけたり、ほほえみかけたりしましょう。はっきりした色のおもちゃで遊ばせたり、絵本や写真を見せたりするのもおすすめ。夜はしっかり暗くして、明るさや暗さも体験させたいところです。

いろいろなものを見たり聞いたりして、生まれた直後からグングン成長する赤ちゃん。この時期だからこそさまざまなものに触れさせて、興味を持つ力を育ててあげましょう。

「この子の短気な性格は生まれつきだ」と理解して、子どもの個性を伸ばす

何をしてもぐずって嫌がるときは？

お互いにイライラしてはぶつかるだけ。ママが一旦「タイム」をとってみましょう。

「お義母さんは真面目な人だからきちんとあいさつしよう」「夫はケンカをしたらガンコだから、折れてあげよう」など、相手のタイプによって接し方を変えることってありませんか？　相手の性格に合ったアプローチをすることで、コミュニケーションってずいぶん楽になりますよね。

実は、赤ちゃんの頃から生まれつきの性格があるんです。

性格は親や育て方によって作られると思われがちですが、実際は「クール」「好奇心いっぱい」など、生まれつきの性格はさまざまなタイプがあります。初めて赤ちゃんのタイプ分けをしたアメリカの心理学者は、１４０人の子どもの気質を分析し、活発さやゴキゲン度、喜び・悲しみの激しさなど9つの特徴があるとしました。また、65％の子は3タイプに分けられる（残りの35％は混合型）とも言っています。**こうした生まれながらの気質を理解すれば、子育てはグッ**

赤ちゃんの性格が難しすぎるときは？

期待通りでなくてもがっかりしないで。赤ちゃんに合った環境を整えましょう。

と楽になることでしょう。

この研究による3タイプを具体的に紹介しましょう。

①柔軟で楽な子（65％中40％）

適応力に優れ、変化にもソフトに応じることができるので、新しいことにチャレンジするのもスムーズです。食事・睡眠のパターンが整っています。

②短気で活発、難しい子（65％中10％）

変化に対して過敏であり、新しい刺激を嫌がるのでなかなか適応しにくいのが特徴。食事・睡眠のパターンは不規則です。

③慎重な子（65％中15％）

新しい刺激は基本的に嫌がります。変化にはソフトに応じますが、何度も体験してから意見を固め、スイスイと楽に適応するのは苦手。食事・睡眠のパターンは不規則です。

「言うことを聞かない子だな……」と思ったとき「私の育て方が悪いのかも」と考えてしまうママは多いのですが、生まれ持った気

小さいけどちゃんと
個性があるよ！
わかってくれると嬉しいな〜

子どもの気質に合った
育て方を学びましょう

質に合った育て方をすれば、解決する場合が多いものです。「お兄ちゃんは育てやすかったけど、弟は手がかかる……」といったお悩みも、解決の糸口が見えてきやすいかもしれません。

ただし、

性格のよい面と悪い面は表裏一体で、優劣をつけるものではありません。

活発な子はトラブルメーカーになりやすかったり、おとなしい子はやさしい一方で積極性に欠けたりすることもあります。**赤ちゃんが優れているとか、劣っていると判断するのではなく「この子はこういう子なんだ！」と受け入れてあげるのがベスト**です。

赤ちゃんが敏感すぎる性格だと、ママはどうしても赤ちゃんと接することに腰が引けてしまう傾向があります。でも、諦めるのは早いかもしれません。「そうだよね」「わかるよ」と共感と理解を示し続けることで、赤ちゃんは安心感を感じてくれるようになります。

泣かせっぱなしにして泣きやむ力を育てると、よく寝る子に育つ

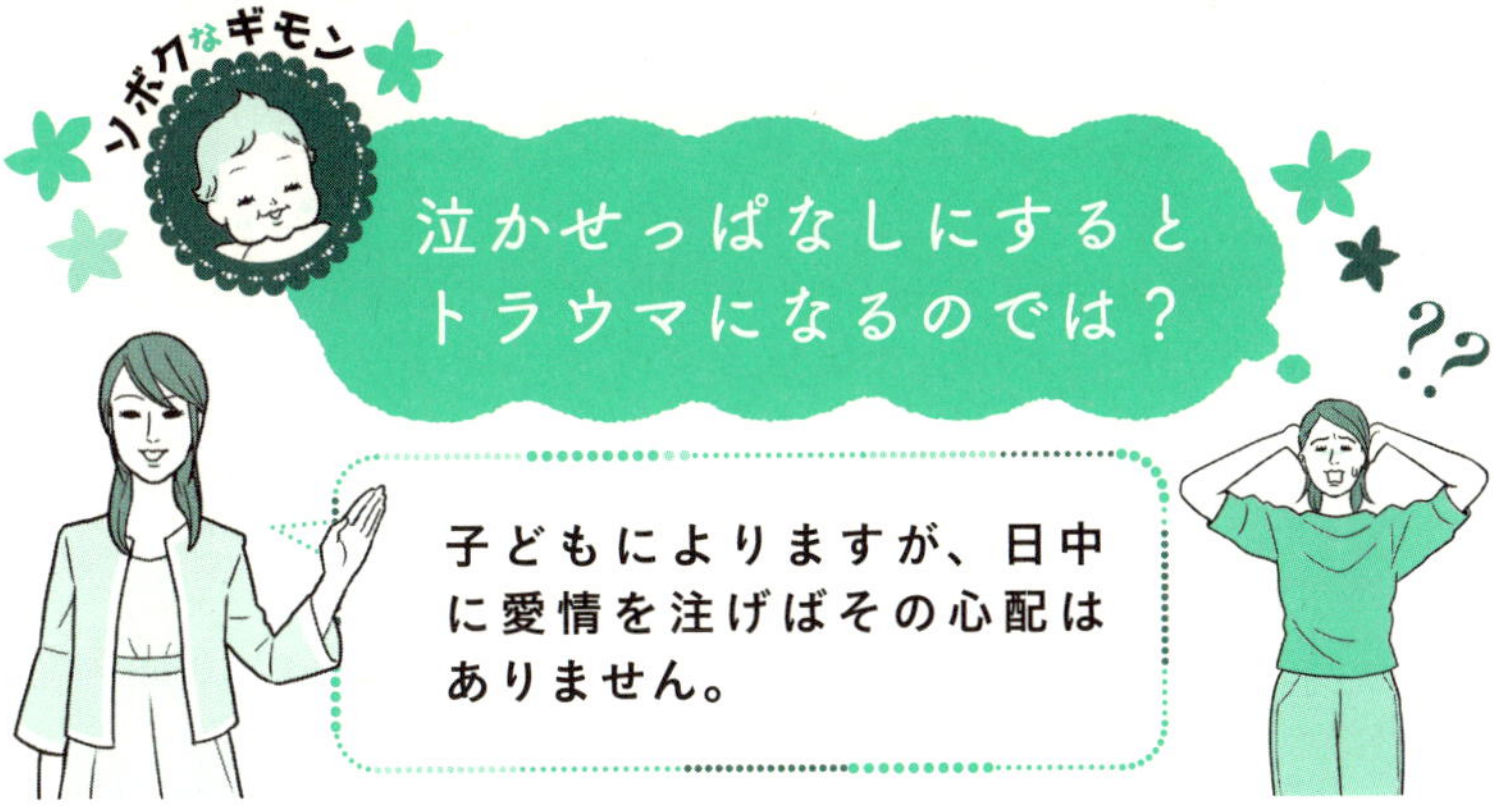

泣かせっぱなしにするとトラウマになるのでは？

子どもによりますが、日中に愛情を注げばその心配はありません。

赤ちゃんと睡眠の問題は、ママにとって大きな悩みのひとつ。寝かしつけをしてもなかなか寝てくれなかったり、夜中に泣いて起こされたり。途方に暮れながら抱っこをして家の中を歩き回る夜は、いくらかわいい赤ちゃんのためといってもつらく感じるものですよね。ただ、最近の研究によれば、

生後6ヵ月くらいからは自分で眠るトレーニングをさせてみる

のが大切である、ということがわかっています。

赤ちゃんが眠ってからそっとベッドに移すのではなく、眠い状態のうちにベッドに移してみましょう。また、**ママと同室ではなく独立した部屋で寝かせ、もしも夜中に泣いたとしてもすぐに手を出さないで待ってみる。**これで、睡眠に問題を抱える赤ちゃんを減らせる場合が多くあります。

赤ちゃんは生まれてから4ヵ月から8ヵ月目くらいの間に「対象

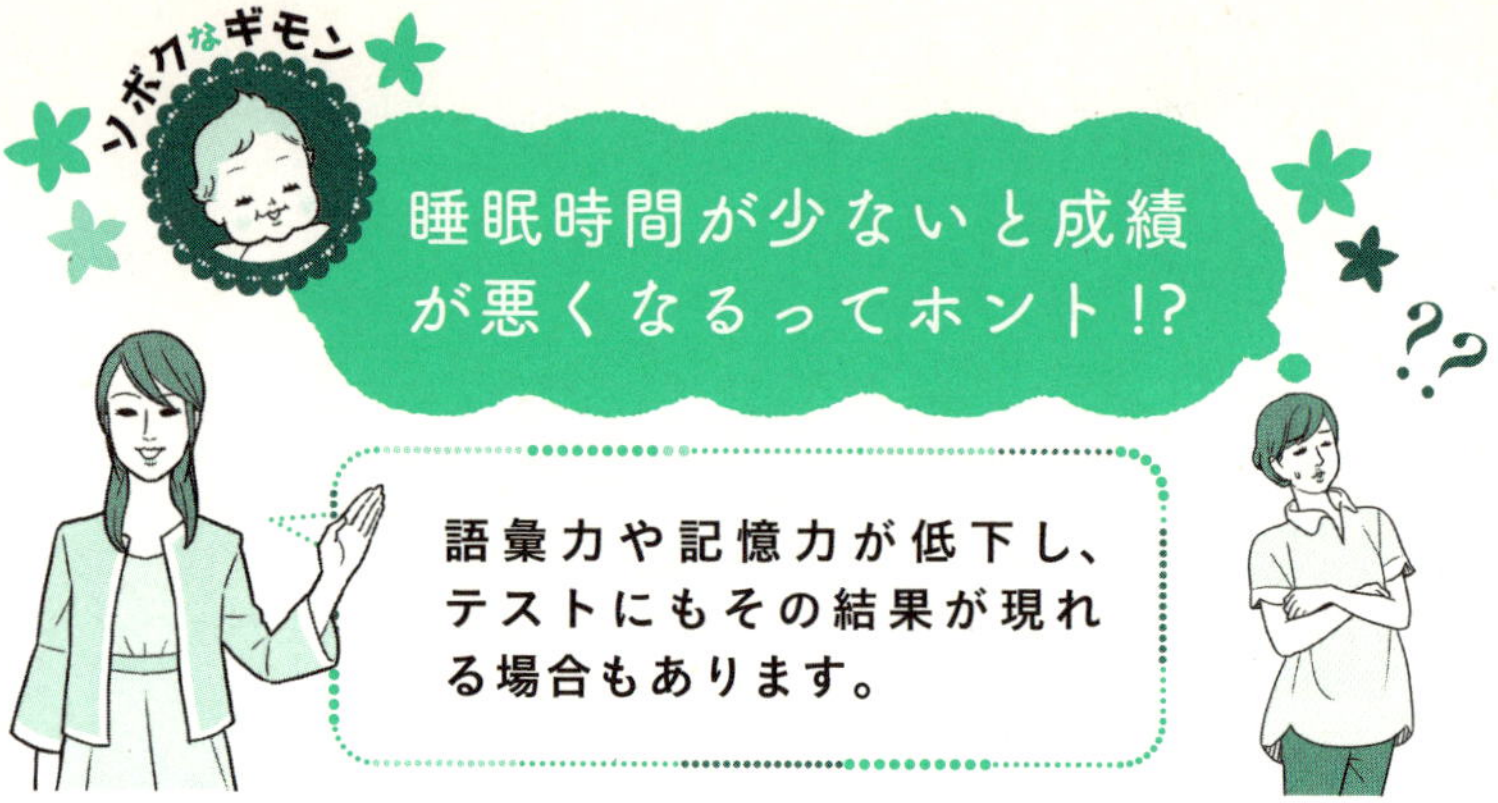
ソボクなギモン
睡眠時間が少ないと成績が悪くなるってホント!?
語彙力や記憶力が低下し、テストにもその結果が現れる場合もあります。

の永続性」というものを理解します。たとえば、私たちは目の前に赤ちゃんがいなくても、実際はちゃんと「いる」ことがわかっています。でも、これは最初から人間にそなわっているものではなく、いろいろな経験をしながら「ママは目の前にいないけど、ちゃんといるんだ」ということを理解していくものなのです。

生後6ヵ月というこの貴重な時期に、赤ちゃんに自分の力で眠る力を身につけさせてあげれば、その後もぐっすり眠れるようになる子も多いのです。今まで「かまってあげなくちゃ」とベビーベッドに駆けつけていた習慣を変えるのはカンタンなことではないですが、今がチャンスでもあります。赤ちゃんのためにも、試してみてください。そのためには、

夜中に赤ちゃんが泣いても数分待ってみることから始めましょう。

初めは心苦しいかもしれませんが、まずは赤ちゃんに別室で寝て

ひとりで寝るのは
さみしいけど、
頑張って
おねんねしてみるね！

正しく寝かしつけて、寝る力を育てよう

もらうことから試してみましょう。こうするとママはすぐあやすことができず、赤ちゃんもママの姿を見て期待する、ということが防げる効果も。そして数分待ってから1分程度あやし、3分放っておきます。次は5分待つ、その次は10分……と、少しずつ赤ちゃんをひとりにする時間を伸ばしていくという方法です。

ベッドに寝かせた赤ちゃんのそばに椅子を置いて座り、歌を歌うなど声で寝かしつけながら赤ちゃんを慣らしていく方法もあります。この場合は、座っている椅子を毎日、少しずつ離していき、3週間くらいかけて部屋から完全に出るようにします。

大切なのは、一度始めたらできるだけ続けてみること。すぐに結果がでなくても続けることです。一貫性がないと、赤ちゃんは逆に不安になり、親子ともどもストレスがたまってしまいます。毎日同じ時間に寝る子は問題行動が少ない、とも言われています。ぜひ、赤ちゃんのうちからクセづけてあげましょう。もちろん無理は禁物。様子を見ながら進めてみてくださいね。

自然にあるもので遊ばせてあげれば、集中力はグングン育つ

算数が得意な子にするには？

数あてクイズや、お菓子を人数分に分けるゲームなどにトライしてみましょう。

「できれば頭のいい子に育ってほしい」「勉強をしっかりして、夢を叶えてほしい」といった願いは、多くのママ・パパにとって共通するものでしょう。中学生ながらすばらしい成績を残すプロ棋士、大人顔負けの小学生プログラマーといったニュースが出るたびに、その子がどう育ってきたかがクローズアップされます。まったく同じ道は進まないとしても、読ませた本や受けさせた教育法などはつい見てしまいますよね。ただ、幼い頃から英語塾や算数教室に通わせるなど、親が必死すぎると子どもはかえって勉強嫌いになってしまうことも。**そこで注目したいのが、子どもなら誰でもしている「遊び」です。**

勉強のできる子が進学する東大・京大の学生を調べてみると、幼少期にはよく遊んでいたという子が少なくありません。実は、

勉強に必要な「集中力」は遊ぶことで身につきます。

子どもが集中しているとき、ママはどうしたらいい？

口を挟まず、ひとりで遊ばせてあげましょう。集中力はひとりのときにつくのです。

「頭がいい」とはいえ、子どもの能力は机の前で勉強しているときだけに身につくものではありません。**身の回りにあるあらゆるものに好奇心を持ち、おもしろいと思ったことにはとことんのめり込む探究心や集中力を身につけた子こそが、勉強やスポーツからたくさんのことを学び、自分のものにしていくことができるのです。**

０歳の頃には投げて遊ぶだけだった積み木も、１歳になったら重ねたり、並べたりすることができるようになります。そういった作業に夢中になっているなら、時間が許すかぎり取り組ませてあげるといいでしょう。もう少し大きくなったら、一緒にいろいろな建物を作ってみるというのもいい選択です。

集中力アップのためにうってつけなのが、自然の中に連れ出すという作戦。**虫取りをしたり、葉っぱをむしって川に流したり、石の上に登ったりとたわいない遊びに夢中になっているとき、子どもの集中力はどんどん伸びています。**特に男の子の場合は、女の子よりも集中するのが苦手。四六時中動き回っていたり、飽きっぽかった

「できた！」って
思うのが楽しいよ。
熱中しているときは
とことん遊ばせてね！

遊びを通して、
集中スイッチをきたえよう！

りするのがその証拠です。でも、自然の中には発見も遊びもいっぱい！　ぜひ連れ出して、夢中になれる何かを見つけるきっかけを与えてあげましょう。とはいえ、

親が子どもにかまいすぎないほうが集中力はグングン伸びる

ということも忘れないでおきたいところです。ママやパパが子どもに学ぶ機会を与えようとあれこれ指図してしまうと、子どもは「わかったつもり」「できたつもり」で終わってしまいやすく、集中力や学ぶ力は育ちにくいのです。

興味を持ったことにトライして、うまくいったり、失敗したりを繰り返して「できた！」「あれもおもしろそうだな」「わかったぞ！」といったことを考えながら少しずつ学びを積み重ね、子どもは成長していきます。「ウチの子には学ぶ力があるんだ！」と信じて見守ってあげましょう。

気の済むまでハイハイさせてあげれば、やる気がある子に育つ

1歳を過ぎると、立ち上がったりハイハイをしたりと、子どもの〝できること〟がグッと広がってきます。特に、子どもがハイハイを卒業し、ヨチヨチと歩き始めることを楽しみにしているママ・パパはとても多いのでは？　ただし、我慢強さや粘り強さ、やる気をしっかり育てるという面から見ると、

歩けるようになることを急ぐよりもハイハイのほうが大事なのです。

腕や足をしっかりコントロールして動かすことは心身の成長に直結し、我慢や努力、やる気といった感情をコントロールする力が身につきます。特にハイハイはお腹の筋肉をきたえて腕や足をより活発に動かせるようになるので、感情のコントロールに効果絶大。ここで感情をしっかり育てておくことで、思春期にイライラを抑えられず問題を起こす、といったことも防ぐことができます。

歩くことのほうが運動神経が発達しているように感じられるかも

歩き出しているわが子。今からできることは？

パパとハイハイ競争をするといいでしょう。階段を登らせるのもおすすめです。

しれませんが、スポーツでも相撲や柔道など、お腹に力を込めることで力を発揮する種目はたくさんありますよね。

やる気は1歳のときにしっかりと体を使うことで育まれます。

現代の住宅には昔と比べてつかまりやすい家具が増えたため、つかまり立ちがうながされて歩き始める時期が早まってきたとも言われています。**遊びなどでしっかりとハイハイをさせるよう、意識するのもいい選択です。**

「最近の子はすぐ転ぶ」などと言われることがありますが、これはハイハイの時期が短くなったこととも関係があると言われています。ハイハイで腕の力をつけると、全身のバランスがとりやすくなるので転びにくくなるのです。たとえ転んでもしっかりと手をつけるので、顔に傷を作るのも防げます。ハイハイ不足を解消して、すこやかな心身に育てたいですね。

トイレタイムを決めてあげれば、トイレトレーニングは楽勝！

多くのママ・パパがトイレトレーニングを意識する2歳前。オシッコやウンチをトイレでするためには膀胱や腸をコントロールする力が必要ですが、現代では2歳までにできる子は20％と言われています。

トイレトレーニングで大事なのはオシッコのタイミングを観察すること。

子どもをよく観察すると、モジモジしたり力んでいたりとオシッコやウンチの合図がわかってきます。それがわかればきっかけの作り方はカンタン。**トイレタイムを決め、定期的に子どもに声をかけるようにするのです。**たとえば、外出から帰ったときや食後1時間といったタイミングで「トイレタイムだよ～」と声をかけましょう。繰り返すうちに、子どもはトイレに行くタイミングを意識できるようになります。そして、「行く！」という意思を見せたら一緒にトイレに行き、座ってもらいます。

もし嫌がってもイライラしないこと。無理やり座らせず、長く座っ

リボクなギモン
遅くてもいつまでに始めたらいい？
遅くても2歳半までに始めてみましょう。自我が芽生える前が成功しやすいです。

ていられるようにやさしく楽しい雰囲気を作りましょう。近くに座って歌を歌ったり、絵本を読んであげたりしてもいいですね。

無事に終わったら、大喜びしてあげてください。「よく頑張ったね！」と言ってあげると、子どもは次のトイレでも頑張りたいと思うものです。また、

おむつなしの時間を作るとトイレトレーニングがはかどります。

膀胱がゆるむとオシッコは出やすくなります。おむつをはずし、お尻の下におまるを当てたり、ママがトイレに行くタイミングで赤ちゃんもおまるにしゃがませたりすれば、小さな子でも大丈夫。耳元で「シー」とささやいてあげるとさらに効果的です。

ただし、**おむつなしの時間を増やすといっても、夜はムリをしないこと。**5歳未満の子がするおねしょには「夜尿症」という名前は使いません。夜はおむつをして寝るといいでしょう。

おバカすぎる行動にも全力で笑ってあげれば、モテモテの子になる

あなたが言った何気ない一言で、周囲がドッと笑ったり、笑顔で大喜びしてくれたりした経験はないでしょうか。コミュニケーションをするうえで、相手から反応が得られるのは何よりも嬉しいこと。これは、子どもだって同じです。

他人を笑わせようとすることは、人間関係をよくするキホン。

まわりの人を笑顔にしようとユーモアや笑いを取り入れる子は「アイツ、おもしろいな」「○○ちゃんと一緒にいると楽しい！」なんて、周囲からの人気を得ることにつながるのです。

ですから、子どもがちょっぴりバカなことを見せにきたときは、ため息をついて困った顔を見せるのは絶対NG。**心から笑ったり、おもしろがったりしてあげましょう。ママが反応すると嬉しいので、もっとやろうと思います。**そのひとつひとつが、人とのコミュニケーションの練習なのです。幸せな笑顔の基礎を作ってあげましょう。

リボクなギモン
大人が上手な笑いを教えるには？
日常の会話で、ユーモアのある会話をしましょう。子どもも楽しく学びます。

2歳までにポジティブな言葉をたくさん浴びせると、IQがアップする!?

リボクなギモン

語りかけによい言葉は？

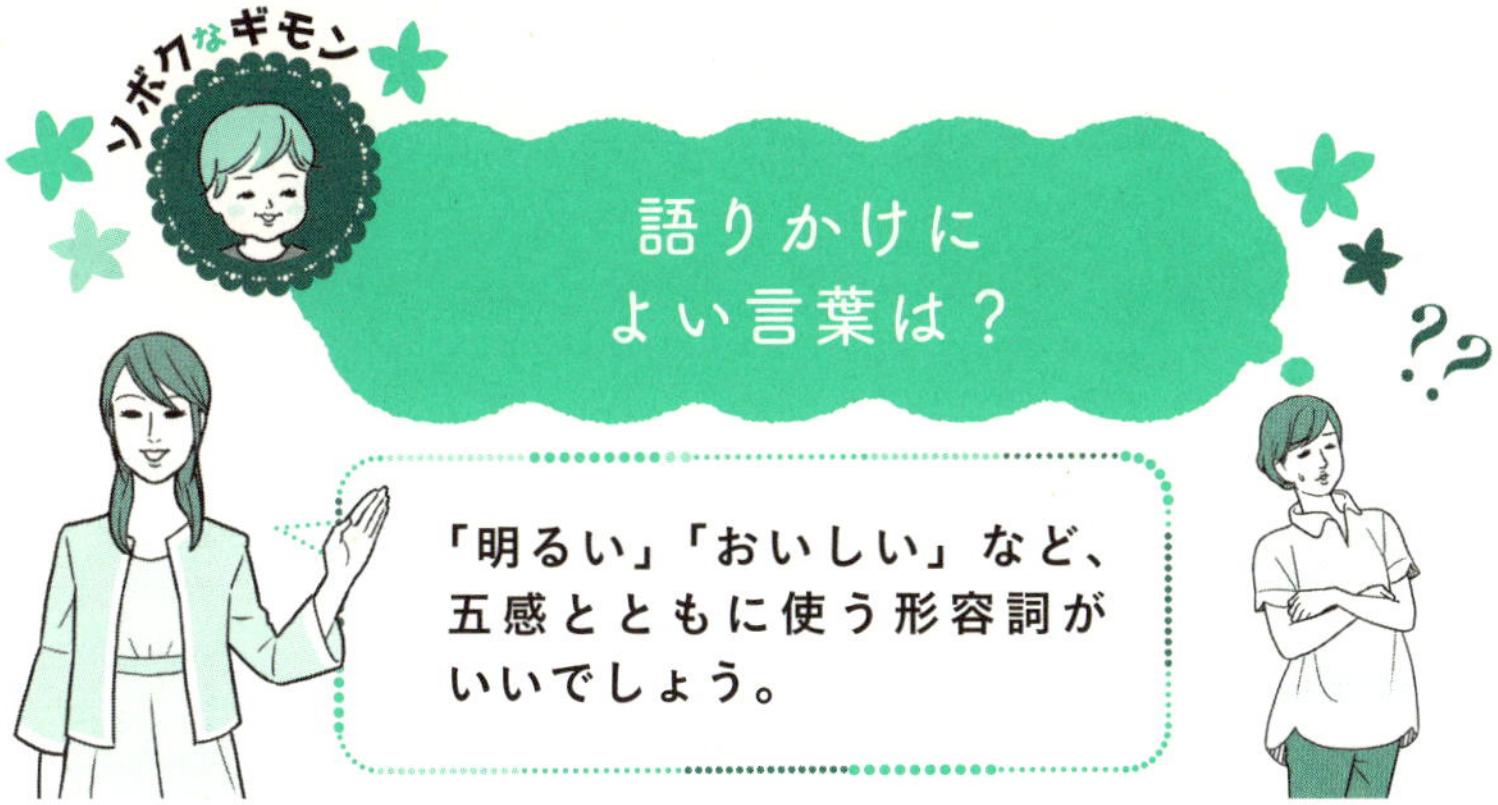

「明るい」「おいしい」など、五感とともに使う形容詞がいいでしょう。

普段の生活のなかで、子どもにどのくらい語りかけていますか？「まだ言葉はわからないかな？」「大人が使う言葉なんて知らないはず」などと思うかもしれませんが、子どもはある日突然、言葉を話し始めるわけではありません。それまでに親やまわりの人がかけてくれた無数の言葉が頭の中にたまっていくことで、2〜3歳になると驚くほど話せるようになるのです。

言葉のシャワーをたくさん浴びた子はIQがアップし、成績がよくなります。

「じゃあ、大人がおしゃべりしているところに連れて行ったらいいんじゃない？」「DVDを流しっぱなしにしたら楽しみながらIQが上がるかも！」というアイデアが浮かんだ人もいそうですが、これらは語彙を増やす、言葉の能力をつけるといったことには役立ちません。**子どもの脳をしっかり働かせるためには、顔と顔をしっかり合わせて話す必要があるのです。**

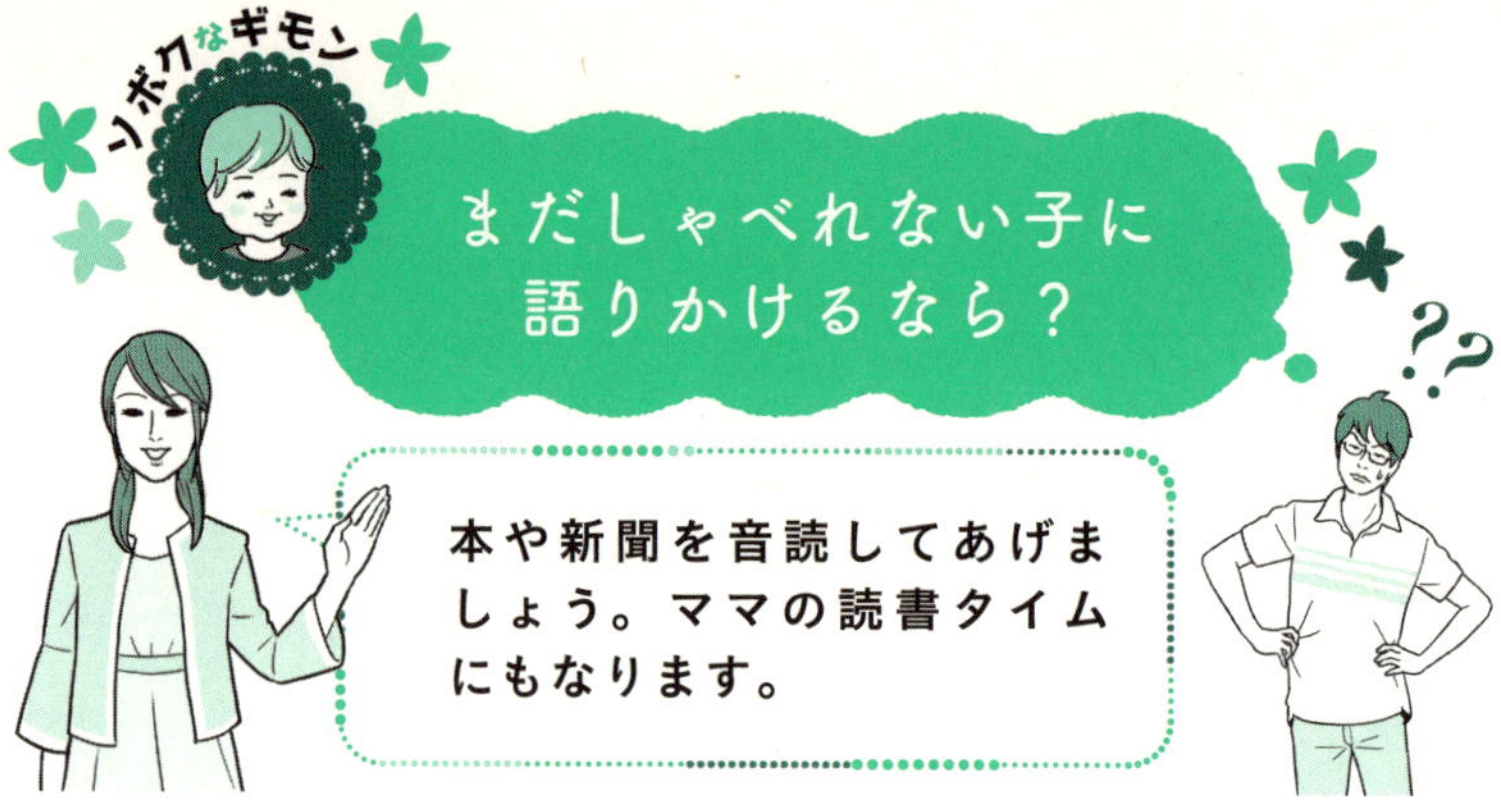

まだしゃべれない子に語りかけるなら？

本や新聞を音読してあげましょう。ママの読書タイムにもなります。

話しかける言葉は、赤ちゃん言葉でなくても問題はありません。「雲が出ているね。雲は水や氷の粒でできているよ。あれは積乱雲という雲で、夏によく出るの。入道雲ともいうよ」などと、わかりやすい言葉を選んで身の回りのものを説明してあげましょう。「今日はこれから公園に行くよ。公園についたらまずはすべり台で遊ぼうか」と予定を説明したり、「お鍋のフタを取るよ。シチューがうまくできたね」などと、目の前の状況を詳しく述べてあげたりするのもいいでしょう。**「あー」などと物を指差したら、それは赤ちゃんが興味のあることを教えたいという、コミュニケーション能力が発達してきたサイン。**「赤いボールが転がってきたね。○○ちゃんはボールが好きなんだね」「ハトが歩きながらえさを探しているね」などと、興味の対象をはっきりと言葉にしてあげましょう。「ボールよ、ボール！」と繰り返すのもおすすめです。話しかけるときは、前向きな言葉を使うのがコツ。「ダメ」「下手」といった言葉ではなく「そうそう」「上手！」を使うことで、子どもの励みになります。

知らない言葉ばかりだけど、
楽しく聞いているよ！
たくさん話しかけてね

常に子どもに話しかけ、言葉の貯金をしよう

カンザス大学の研究者ハートとリズリーは、生後2年半までの子どもに親の語りかけが与える影響を調査しました。すると、**親がおしゃべりな家庭の子どもは1時間に平均2100語を語りかけられているのに対し、言語環境が貧しい家庭の子どもは平均600語しか語りかけられていない**ことがわかりました。さらにその子どもたちが学校に上がってから追跡調査をかけると、

2歳半までに語りかけられた言葉の数は、その後の読解力の成績に影響する

とわかったのです。言葉をたくさん言えることは自分の気持ちを正しく伝えられることであり、よいコミュニケーションを築いていくための基礎にもなります。また、日本語は語数よりも言葉の正確さを重視するとも言われているので、豊富な表現を意識して言葉がけをするといいでしょう。

手紙や日記を書く習慣を身につければ、考える力が伸びる

子どもが鉛筆を持ち始めたら、そろそろ「書く」ことを意識してみてもいいかもしれません。キーボードやフリック入力が主流となった現代では、手書きで文章を書く機会は激減しています。でも、

手で文章を書くと、脳神経の動きが活発になります。

キーボードを打って文章を書くときよりも、手書きのほうが脳神経の働きが活発になっていたという実験があります。この実験では、アイデアの豊かさも、手書きのほうが上回ったそうです。

キーボードで文章を打つときは「間違ってもカンタンに直せる」という思考が働きます。一方、手書きでは「文字を間違えないように書かなくちゃ」「わかりやすい文章って?」などと工夫しながら書くものです。**このとき、私たちの思考力や発想力はきたえられます。**デジタルネイティブと呼ばれる子どもが多くなっている今だからこそ、改めて書くことの重要性が注目されているのです。

リボクなギモン
国語が苦手な子には
どうする？
??
「好きなもの」など、一生懸命考える題材で文章を書かせてあげると効果的です。

本をたくさん読んでも、国語が得意な子にはなりません。

子どもの国語力をアップさせたいと考えるとき、「読書好きな子に育てたら国語が得意になるはず！」と考えるママ・パパは少なくありません。ただ、「読む」というのは内容を理解するためには役立ちますが、考える力には直結しません。書くことで考える力が身につけば、ほかのどの教科でも成績アップにつながります。

そのためにも、**小さなときから書く機会をたくさん与えてあげましょう。たとえば、ママやパパ、お友達への手紙です。**「ありがとう」「パパだいすきだよ」なんていう一言メッセージを一緒に書いてあげましょう。少し大きくなってしっかりとした文を作れるようになったら、交換日記形式にして、内容や字の間違いをフィードバックしてあげてもいいですね。よく書く子になることで、考える力もコミュニケーション能力も身につけることできるでしょう。

子ども部屋を なくせば、落ち着いた 子どもに育つ

ママ・パパにとって、子ども部屋をどうするかというのは大きな問題。どの部屋を子ども部屋にしようか、何歳くらいから与えようか、迷うものですね。ただ、

小さい頃から子ども部屋にこもって過ごすと、精神疾患になりやすい

というデータもあります。小児うつの子どもを調べてみると、その傾向のひとつとして、幼い頃から子ども部屋などで親から隔離された環境にいた子が多いと言われています。強い孤独を抱えるうえに親とのコミュニケーションも減少し、悩みがあっても相談できなくなるのがその理由と考えられています。

子ども部屋を与えるのは、受験を控えて集中して勉強できる環境が必要になったり、子どもからほしいと言い出したりしてからで十分。それまではリビングなど親の目が届くところで遊ばせたり、勉強させたりするとよいでしょう。

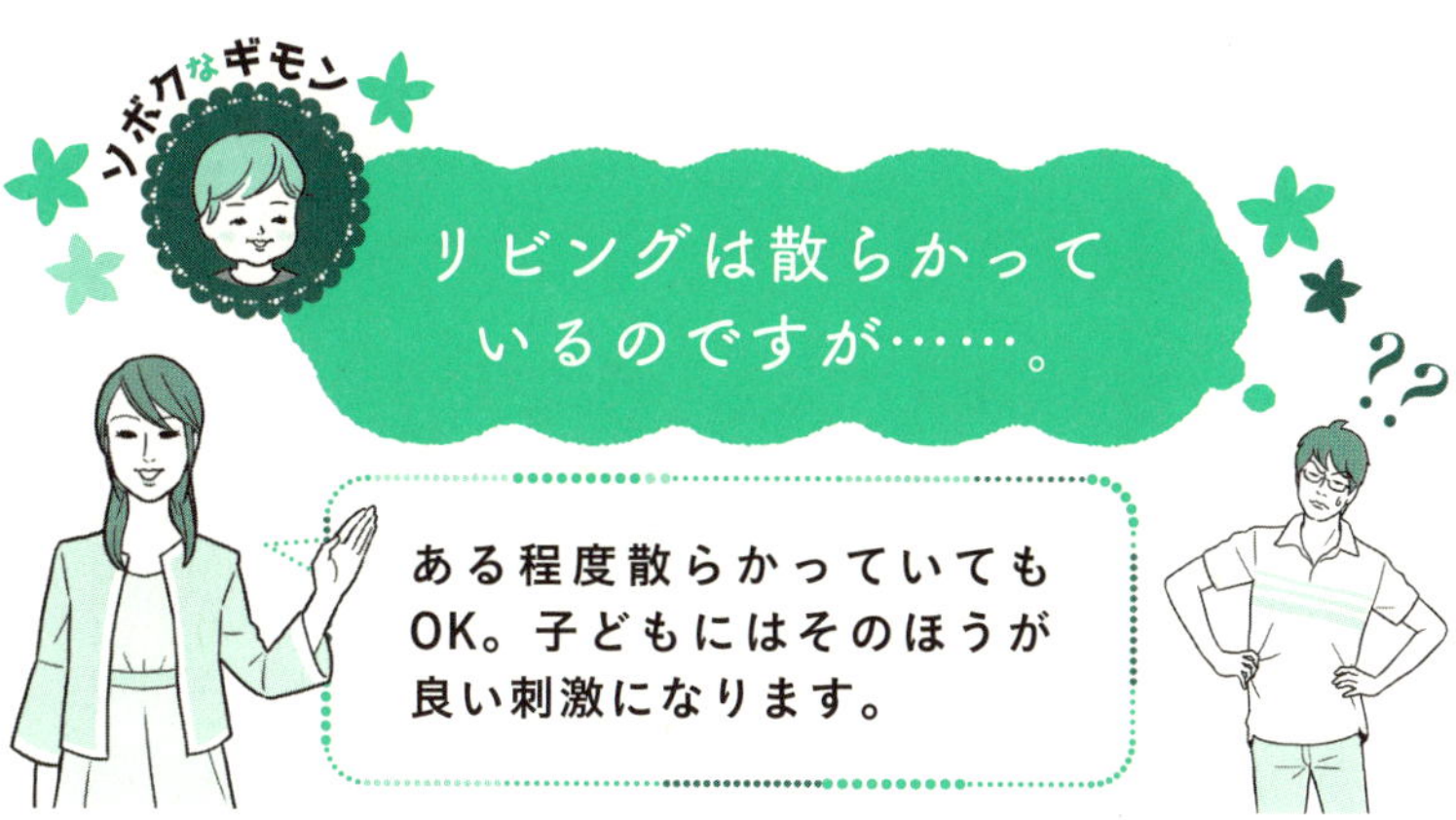
リボクなギモン
リビングは散らかっているのですが……。
??
ある程度散らかっていてもOK。子どもにはそのほうが良い刺激になります。

できなくて泣く子には「手伝って」を教えれば、挑戦できる子になる

子どもが何かを始めてみたけれど、結局「できない～」「ママやって！」と泣かれてしまい、疲れてしまうママは多いかもしれません。ここでやってあげても、「やっぱり自分でやる！」と言い張り、でもまたできなくて「え～ん」というループが始まるからです。

そんなときは「いったいどうしたいの？」「やる気はないの⁉」という気持ちをグッと抑えて、**「うまくできないのね」と、子どもの現状を言い表してあげましょう。**どうしたいのか尋ね、自分でやりたいという場合には、

「手伝って」「教えて」という問題解決の言葉を教えましょう。

特に男の子の場合は、女の子に比べて言葉の発達は遅めです。上手に気持ちを伝えられるようになることで落ち着きを取り戻せるので、集中力を発揮できるようになることでしょう。

子どもは指先も未熟なので、折り紙やボタンをとめるのも、でき

ソボクなギモン

「ママやって！」と言い張るときは？

3歳までは、一緒にやってあげて達成感を与えるのもいいでしょう。

なくたって当たり前。**ただ、子どもなりに「できる！」という理想のビジョンを持っています。それがうまくいかないから、くやしくて泣いてしまうのです。**決して努力不足というわけではありません。

でも、ここで「できない」「やだ」などといった単語でしか自分の気持ちを表現できないと、やりたいことができないという欲求不満に加えて、気持ちもわかってもらえないという二重のいらだちを抱えることになってしまいます。

気持ちがうまく言えない子には、

「できなくて悔しい」「悲しい」という感情表現の言葉を教えましょう。

子どもはこうした**言葉を使うことでストレスが減り、手伝ってもらって「できた！」という達成感を得ることで成長します。**こう考えると、ママとしても子どもの新しい挑戦を穏やかな気持ちで応援できるようになるはずです。

CHAPTER

2

3歳から5歳までに始めたい子育て習慣

やる気の花が咲けば、意欲のある子に育つことでしょう。

我慢の花が咲けば、たくましい子に育つことでしょう。

思いやりの花が咲けば、人を大切にする子に育つことでしょう。

小学校入学前に身につけたい力の育み方、お教えします。

人を大切にする子に育つ

5歳からの

思いやり習慣

P078

たくましい子に育つ

4歳からの

我慢習慣

P066

意欲のある子に育つ

3歳からの

やる気習慣

P052

夢中になっているものをとことん追究させてあげれば、子どもの視野が広がる

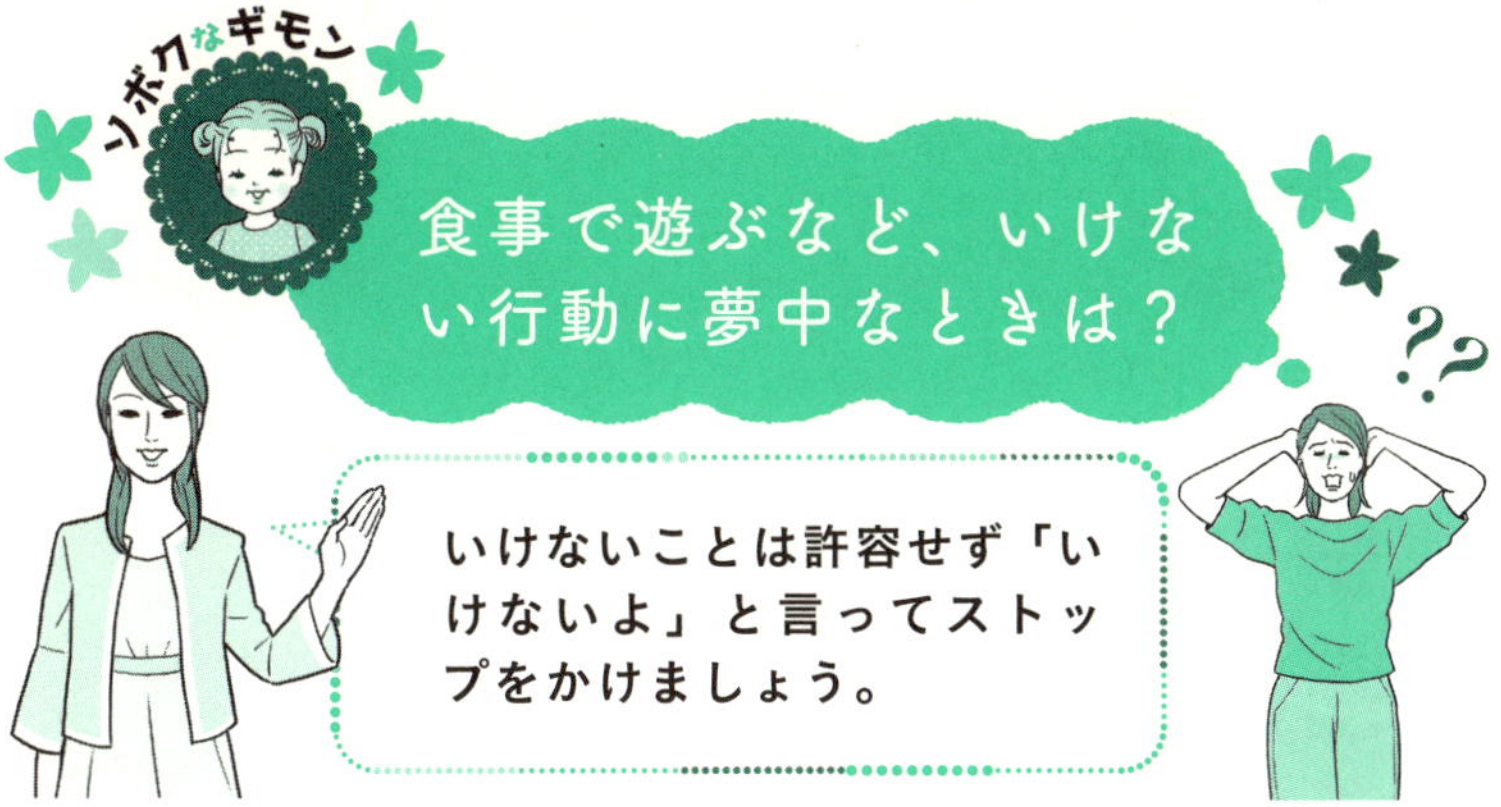

食事で遊ぶなど、いけない行動に夢中なときは？

いけないことは許容せず「いけないよ」と言ってストップをかけましょう。

子どもは自分を取り巻くさまざまなものに好奇心をもちます。もし自分から何かに興味を持ったり、やりたがったりしたら、ママとしては「そんなものに!?」と思うようなものであっても、どんどん応援してあげてください。

親ができる最大のことは、興味や関心をストップさせないこと。

「ダメ」「危ないから」と禁止すると、「何かを好きになるのはいけないことだ」「興味を持つと嫌なことが起きる」などと思ってしまいかねません。危険からは守ってあげる必要がありますが、できれば欲求はどんどん満たしてあげましょう。

学校で学ぶ勉強に直結するようなことでなくてもOK。たとえば、ペットを飼うことで責任感や自主性を身につけ、命の大切さを学ぶように、**子どもは親が想像する以上に、さまざまなことから学びを手にします。**応援してもらえることでやる気や粘り強さを身につけ

できないことは助けてあげるべき？

やり方を教えるより、自分でやらせて「できた！」と思わせるのが理想的です。

ることにもなります。何より、好きなことは頑張れます。頑張ったらうまくできるようになるので、自信も得られます。結果として、周囲の誰よりも秀でた能力を身につけ、それが天職に結びつくということも少なくありません。

また、**大人が声をかけても何かに夢中になっているときというのは、子どもの体や心のどこかが成長しているというサイン。**たとえば、3歳くらいになると、ひとりで黙々とおもちゃで遊びながら、自分なりのルールや法則を見出そうとしていることが多くなります。男の子であれば、落ち着きなく動き回っているときに体のバランスの取り方、手足のコントロールなどを学んでいることもあります。こうやって興味の対象を見出すこともあるでしょう。ひとりで黙々と遊びに熱中しているときは、その場を離れてひとりにしてあげるのがベストです。

熱中するといっても、まわりに迷惑をかける遊びなどはちょっぴり困るもの。ただ、2週間、2ヵ月などで成長の周期が訪れるとと

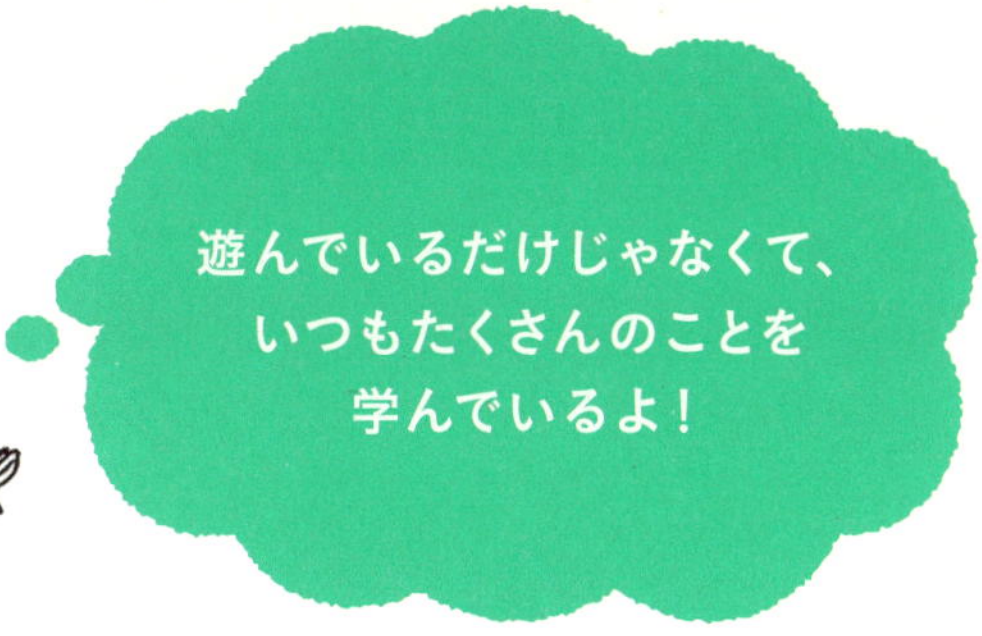
遊んでいるだけじゃなくて、
いつもたくさんのことを
学んでいるよ！

子どもの興味や好奇心を応援してあげよう！

もに子どもは飽き、聞く耳も持ちます。あまり心配しすぎる必要はありません。

3歳といえば、そろそろ習い事を学ばせたいと思うママ・パパも多いかもしれませんね。子どもは自分だけの力で才能を発揮するようにはなりません。音楽はわかりやすい例と言えるでしょう。ママやパパが楽器を与えたり、レッスンを受けさせたりしなければ才能が開花するチャンスは訪れません。親の応援があってこそ、好きなことを仕事にできるようになるのです。

音楽の才能を伸ばすなら、3～5歳の時期がベスト。

指先や手首などの細かい動きをつかさどる脳の「運動野」がこの時期に発達するので、身につきやすいのです。フィギュアスケートやバレエなど、バランスと繊細な動きが必要とされるスポーツもこの時期が伸ばしどきです。

絵本を見ながら「これは何?」と問いかけてあげれば、知的好奇心が伸びる

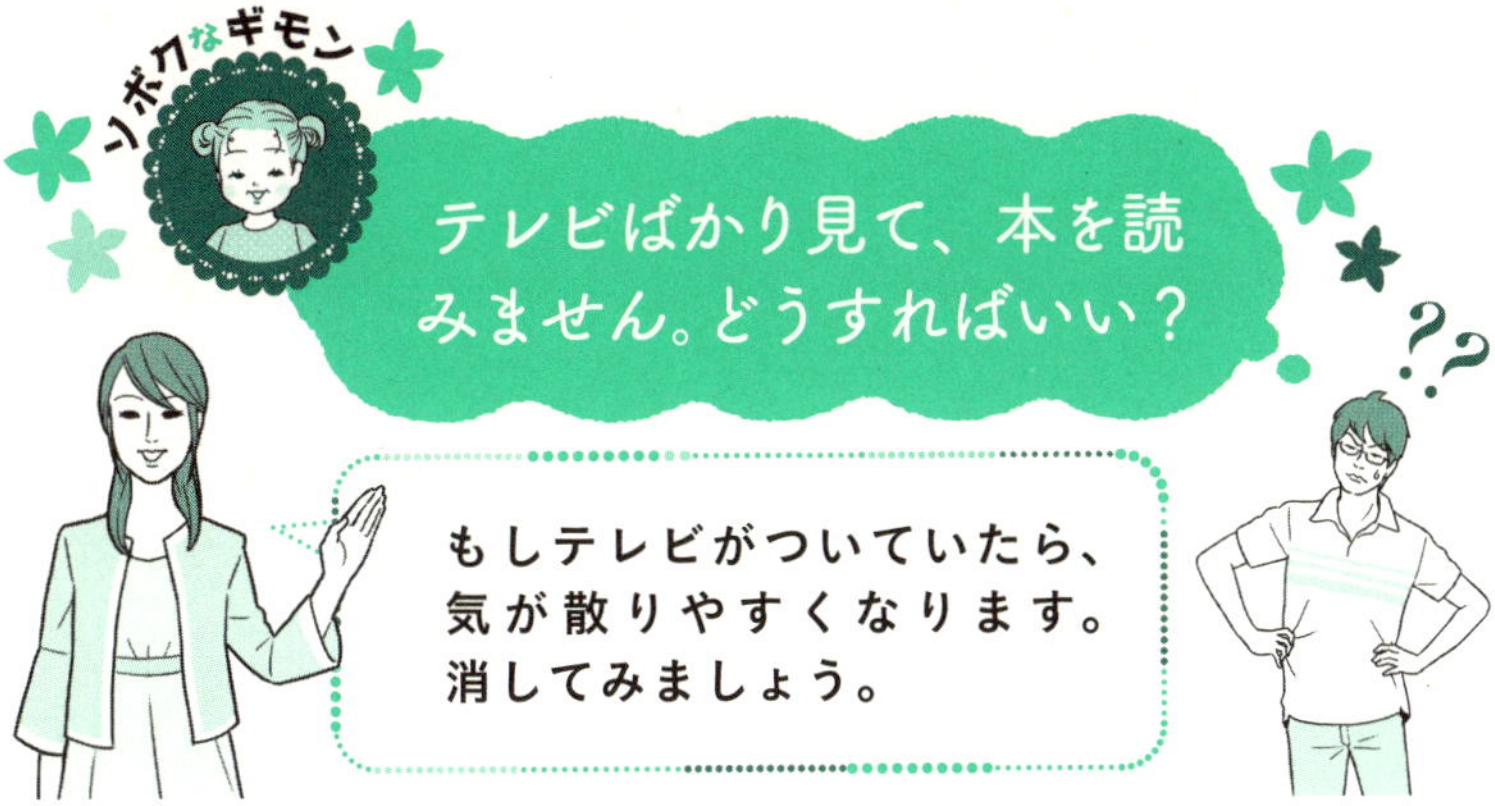

テレビばかり見て、本を読みません。どうすればいい？

もしテレビがついていたら、気が散りやすくなります。消してみましょう。

「本をたくさん読みなさい」という言葉は、この本を読んでいるママ・パパも子どもの頃から嫌というほど聞かされてきたかもしれません。本を読めばいろいろな情報が得られますし、たくさんの可能性を教えてくれます。ひらめきのヒントを発見する場でもあります。

また、語彙力アップも読書の役目。**人は最初、会話を通して言葉を覚えますが、読書をすることで会話の2倍の言葉に触れることができると言われています。**語彙力があれば学校に通い始めても、授業の内容が理解しやすいので勉強がスムーズに進むでしょう。

子どもを読書好きにするには、本に親しむ時間をたくさん作ること。

小さな頃からたくさん読み聞かせをするなど、本に触れるきっかけをたくさん作ってあげましょう。3歳くらいからは読み聞かせるだけでなく、本を通じてコミュニケーションを深めてみましょう。

そのために効果的なテクニックをご紹介します。

ソボクなギモン

PEERにはどんな本が向いているの？

文字の少ない本です。絵から自由にストーリーを広げていきましょう。

これはニューヨーク州立大学ストーニーブルック校のグローバー・ホワイトハースト博士が率いる「ストーニーブルック・リーディング&ランゲージ・プロジェクト」が開発した「PEER」を元にまとめた、本を活用したコミュニケーション法です。

①質問する

子どもに本を見せながら発言させます。出てくるものを指差して「これは何？」と質問するといいでしょう。

②共感する

「ネコさん！」と子どもが答えたら、「そうね。ネコさんが『ニャーオ』って鳴いているね」などと共感します。

③探究する

さらに会話を広げます。「ネコさんが怒っているのかな」などと情報を追加したり、言い換えたりします。

④要約する

①から③の内容を要約します。「ネコさんが怒って『ニャーオ』っ

ママと一緒に本を読むと、
ワクワクが広がるね！
もっとたくさん読みたいな

読書に参加させて、もっと本が好きな子にしよう

て鳴いているんだね」とまとめて言葉にしてあげましょう。

さらに「どうして怒っているのかな？」などと、最終的には自由に答えられる質問をします。繰り返すことで言葉の力もアップするでしょう。また、これから子どもが成長していく中で、

興味を持った本があれば、どんどん与えてあげてください。

有名大学出身者にアンケートをとってみると、「興味のある理科の図鑑が家にたくさんあった」「お小遣いは少なかったけれど、本はいくらでも買ってもらえた」という人は非常に多くいます。これは、**読書を通して好奇心にエンジンがかかり、自分から勉強をする習慣が身につくため**と考えられます。じっと文字を追い続けることで、集中力もつきます。本を読んで「おもしろい！」「ワクワクする！」といった知的な満足感を得ることで、親がうるさく言わなくても自分から成長していくものなのです。

「ダメ!」ではなく「これで遊びたいんだね」で、親子の絆が深まる

ソボクなギモン

本当にダメなことはどうやって伝えたらいいの？

いけないことは「痛いよ」「危ないよ」と具体的に伝えるといいでしょう。

「子どもは本当にかわいいけれど、どうしてもイライラしちゃう」ってこと、ありませんか？　特に3歳ともなると、できることも増えてかわいさのレベルがアップする一方、自己主張も強くなって毎日クタクタ、という人も多いことでしょう。朝から晩まで「ダメ！」を連発していると、自己嫌悪に陥ってしまうことも。こんなときは、

子ども目線で「共感」してあげると、ママのイライラが軽くなります。

たとえば、子どもがハサミに興味を持ち、手を出しているとき。思わず「危ない！」と取り上げると号泣し、ママはイライラが募るばかり。でもここで行動を抑制してしまうと、興味や好奇心をストップすることになり、「興味を持つのはダメなんだ！」というネガティブな思い込みをしてしまうこともあるんです。

そこをあえて子ども目線で考えてみると、「これで遊びたい」ということになります。「これで遊びたいんだね。でも、ハサミは危

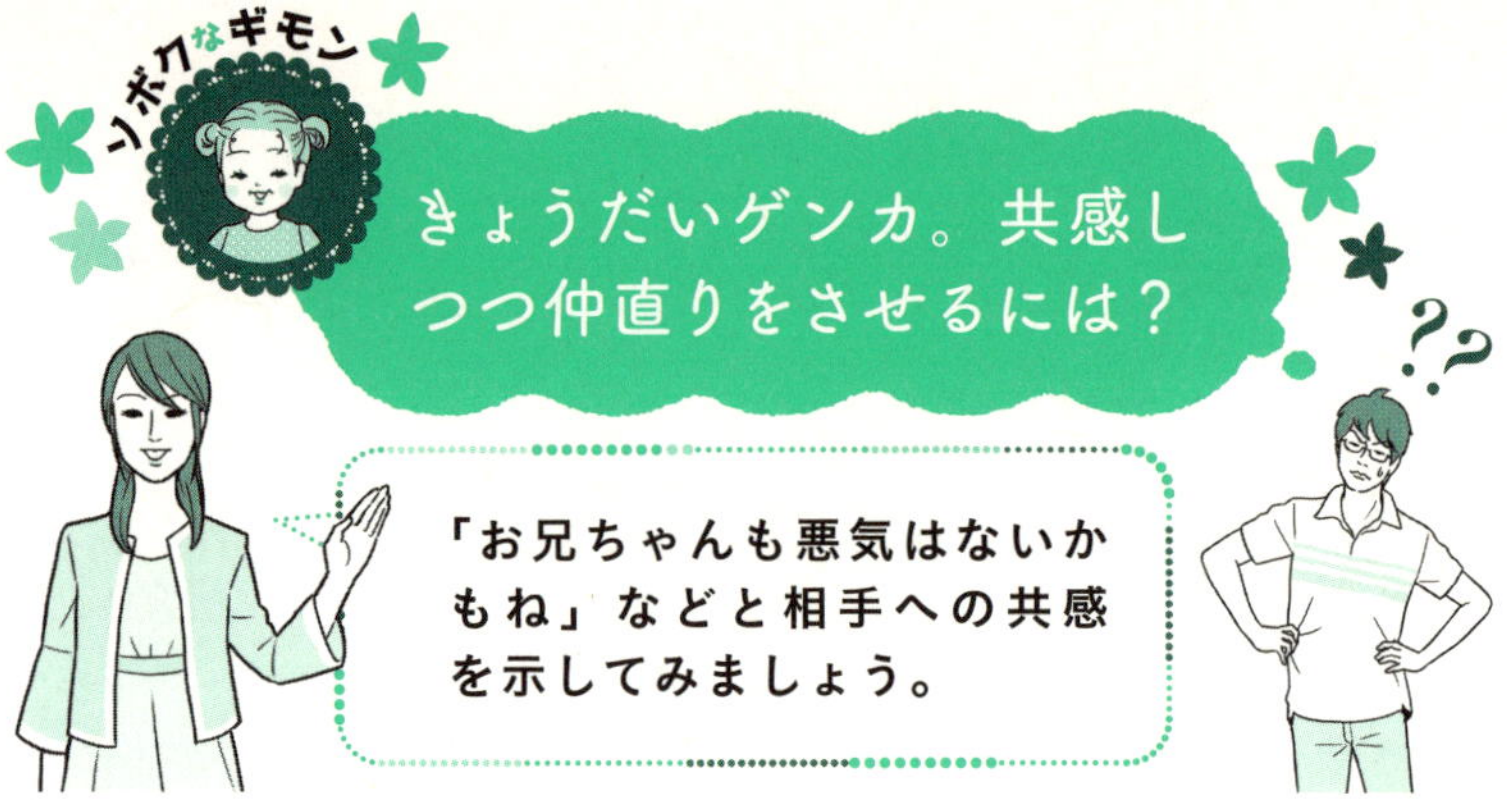
リボクなギモン
きょうだいゲンカ。共感しつつ仲直りをさせるには？
??
「お兄ちゃんも悪気はないかもね」などと相手への共感を示してみましょう。

ないから、気をつけて使おうね」といった**共感を交えて話してみると、子どもは「気持ちを受け止めてもらえたんだ！」と理解し、子どももママも笑顔になれます。**

この時期にワガママを言うのは、未来を予測できる脳がまだちゃんと発達していないからかもしれません。たとえば、公園で遊んで帰ろうとするとき「もっと遊びたい！」と大泣き。こんなときに「ダメ！　ワガママもいい加減にしなさい！」と叱っても、子どもには通じません。それは「明日も遊べる」という予測ができてないから。そういった未来を予測できるのは、4歳くらいからなのです。こんなときは、「明日また遊べるからね」と、ポジティブな言葉で言い換えてあげることで、子どもは納得できます。未来を予測することで、心をコントロールする力もつくのです。

男の子の場合は特に「ダメ！」は禁物。

「ダメ！」って言われると、
ショックだよ。
いろんなことを
知りたいだけなんだ

子どもに共感しつつ、ポジティブな言葉を使おう

男の子のほうがヤンチャで元気だから、「ダメ！」と言う機会も多くなりそうですが、実は男の子は女の子よりも「ダメ！」という言葉でやる気や元気をなくしてしまいやすいのです。**毎日繰り返しダメ出しをされることで、生き生きとした好奇心や新しいものへの探究心が失われ、なんとなくやる気に欠ける積極性のない子、自分から学ぼうとしない子になってしまうこともあります。**ママとしては、そんなことは望んでいませんよね。

子どもは予測もつかないことをしたり、大人の目から見ればムダと思えるようなことにばかり興味を持ちたがります。ときにはイライラすることも、あって当然。でもそれらは、未知のものへの好奇心だったり、目の前のものがどういう性質なのか関心を持っていたりと、ひとつひとつに意味があります。ただ「ダメ！」と言う前に「どんなことに興味を持っているのかな？」と、ポジティブなとらえ方をしてみましょう。そうすることで子どもの可能性を伸ばし、親子の絆を強めることになるのです。

初めての習い事を“音楽”にすると、言葉の力が伸びていく

3歳くらいになると、そろそろ習い事について考えるタイミング。「やっぱり定番の音楽？」「それとも将来のために英語？」なんて、子どもの性格や将来のことを考えると、なかなか絞りにくいものです。子どもが特定のものに興味を持っているならそれを伸ばしてあげるのもいいのですが、いろいろなものに興味を持てるかしこい子に育てるには、この3歳という時期に音楽やダンスなどの表現活動に触れるのはとてもいい選択です。なぜなら、3歳は想像力が著しく発達する時期だからです。また、

音楽は、英語を始めとする言葉の力をきたえます。

脳は部位ごとに、視野や聴覚、言語、体の動きなどさまざまな機能をつかさどっています。このうち音の領域と言語の領域は非常に近いところにあります。**音楽に触れさせて脳を刺激することで、言葉の発達にもよい影響を及ぼす**と考えられるのです。

音楽に興味のない子はどうしたらいい？

大人が音楽を楽しむ姿を見せましょう。子どもの前で楽器を演奏するのも効果的。

3歳といえば、ちょうど言葉をたくさん話すようになる時期。言葉になかなか興味を示さない子に無理やり教え込もうとして文字嫌いにしてしまうよりも、音楽を楽しみながら脳を育てたほうがママも子どももストレスフリーで成長を楽しむことができるはずです。

また、英語を始めとする外国語をマスターするには、微妙な発音の違いに敏感になれるかどうかが大事です。

音楽を身につけることは、バイリンガルの基礎にもなります。

また、**音楽は知的好奇心をグッと広げる役割も果たしてくれます。**小さい頃にその芽を伸ばしてあげることで、国内外の文化や歴史について自然と詳しくなれるもの。作曲や楽器そのものに興味を深めたり、好きな音楽を通して、いろいろな人と仲よくなれることもあるでしょう。幼い頃に始める音楽は、きっと子どもの言葉を増やし、将来の可能性を広げてくれることでしょう。

家族みんなで食卓を囲めば、やる気や成績が伸びる！

家族みんなで食事をするのは楽しいもの。「今日ね、○○ちゃんとね～」といった子どもの話を聞くいい機会ですし、親がおいしそうに食事をする姿を見せるのは、子どもにとっては何よりの食欲アップになるでしょう。食事どきの一家団欒は幸せの象徴のようなイメージで語られますが、これは決して気のせいではありません。

家族で食事をする機会が多い子は、やる気や成績がアップする

というのは、いろいろな研究によって明らかにされています。

たとえば、2007年にアメリカで行われたオクラホマ大学・オクラホマ州立大学の調査によれば、**家族で食事をする頻度が高い子は集中力があり、成績も高い傾向がある**とのこと。勉強ができるようになるだけではありません。積極的に周囲と関わり、友達を作るといった社会性も高かったとのことです。長期間にわたる調査を継続したところ、ティーンエイジャーの頃に非行に走るケースも少

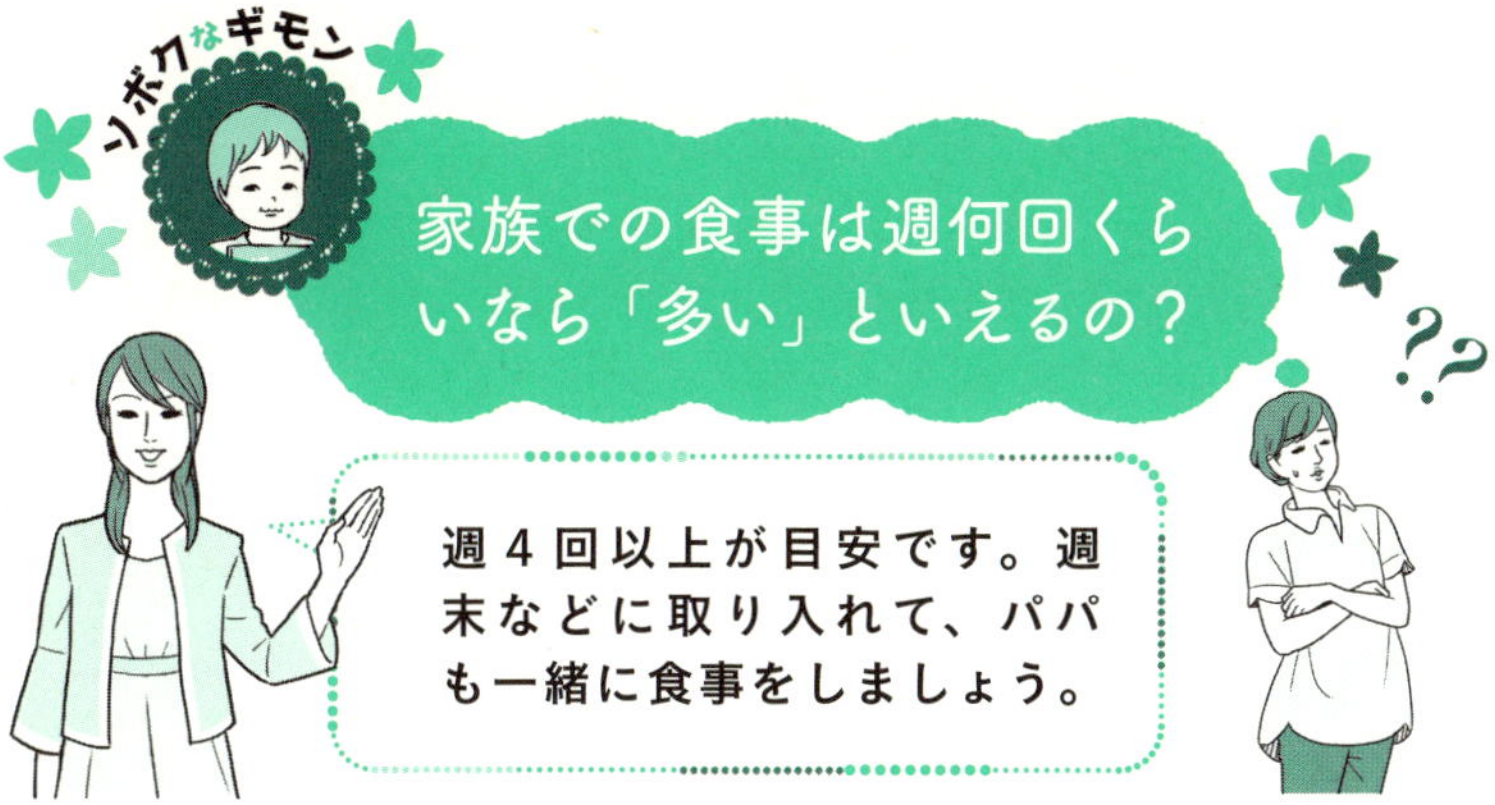
リボクなギモン
家族での食事は週何回くらいなら「多い」といえるの？
??
週４回以上が目安です。週末などに取り入れて、パパも一緒に食事をしましょう。

なかったといいます。

どうしてこのような結果が出るのでしょうか。まず、食事を通して子どもが家族の秩序を学んでいくということが理由として挙げられます。また、「今日もみんなで食事ができる」と予想することで、子どもの心が安定しやすくなると考えられています。

もし忙しくてご両親などに子どもに預けざるを得ない場合は、塩分にだけ気をつけてください。というのも、

小さい頃に塩分を摂りすぎると、将来的に血圧が上がりやすくなる

と言われているからです。**毎食濃い味で慣れると、少量の塩分でも血圧がグッと上がってしまう体質になりやすい**のだとか。

子どもは味が濃いものが大好きです。おじいちゃん・おばあちゃんが孫のかわいさについつい味の濃いメニューを……ということがないよう、薄めの味つけをお願いしておくといいかもしれません。

乱暴な行動は「イライラしたのね」と言ってあげて、気持ちをコントロールする

子どもにいろいろな感情を体験させるには？

絵本や写真を一緒に見ながら「この子は悲しいのね」などと言ってみましょう。

4歳くらいになると「かわいいけど、ワガママが強くなって困っちゃう」「『バカ！』『きらい！』など乱暴な言葉づかいが多くて……」といった悩みを抱えるママ・パパがとても多くなります。暑さや寒さなどちょっとしたことでイライラをぶつけてきたり、出先で帰りたいとダダをこねられたりと、どうしていいかわからず手を焼くことも多いでしょう。こんなときは、

言葉で言い表してあげると、感情をコントロールしやすくなります。

この時期の子どもは、遊びや日常生活でできることがどんどん増えてきます。ただ、やりたいことを思うようにできなかったり、大人からストップをかけられたりすることでイライラを爆発させてしまうことが多いのです。

親はどうしても爆発した感情だけに目を向けてしまいやすいものですが、**表面的なことばかり見て「静かにしなさい！」「やめなさ**

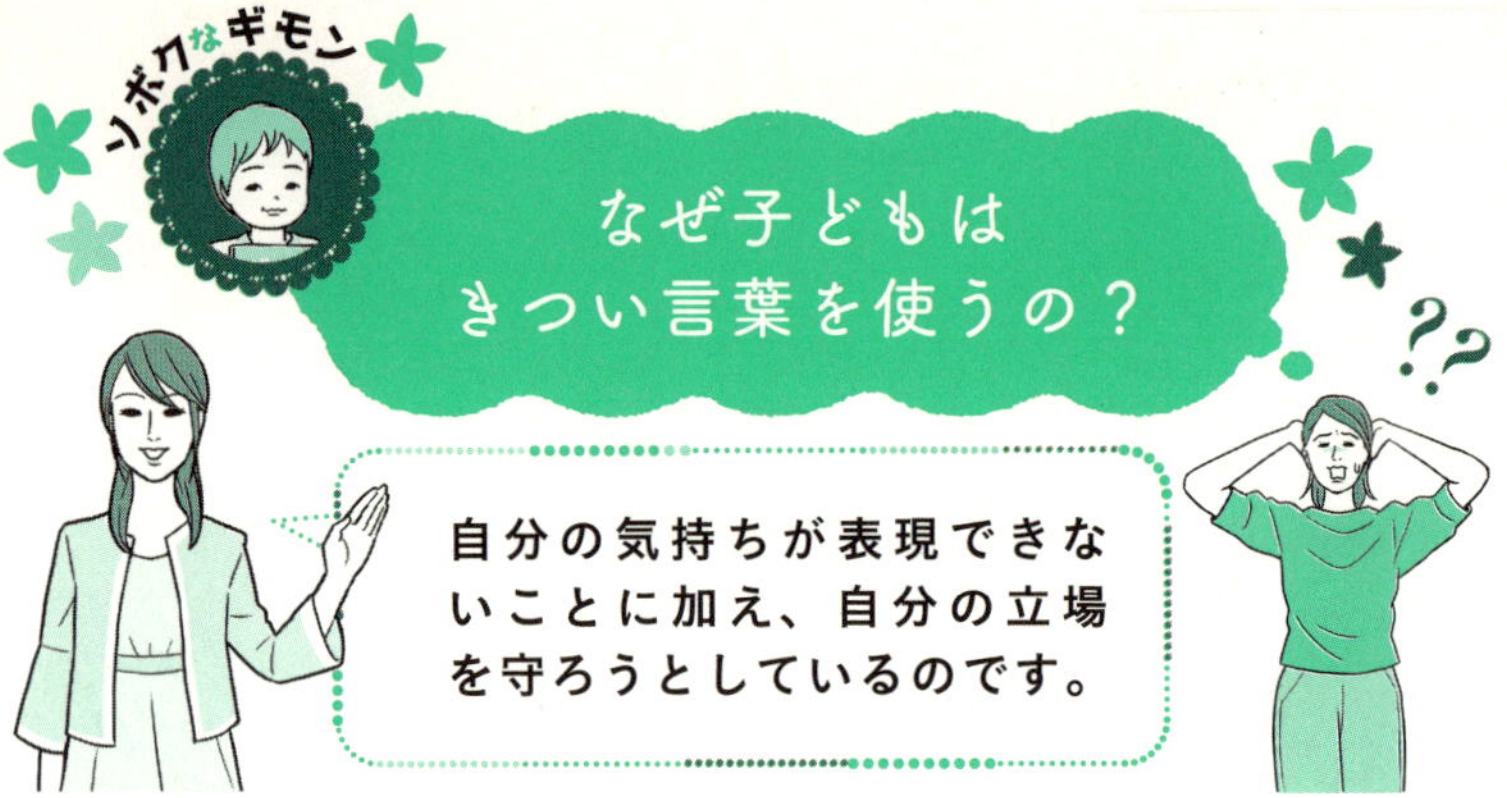
ソボクなギモン
なぜ子どもは
きつい言葉を使うの？
??
自分の気持ちが表現できないことに加え、自分の立場を守ろうとしているのです。

い！」と言っても解決はしません。子どもが感情的になる理由はもっと根本的なところで「わけのわからない感情に振り回されている」「感情を素直に表現できない」というものなのです。それを親が受け入れて「こういうことだね」と教えてあげることで、子どもはしだいに感情をコントロールできるようになります。

たとえば、友達とケンカをして感情が高ぶったあげくに、「バカ！」「きらい！」といった言葉を使ってしまった男の子がいるとします。このとき「そんな言葉ダメでしょ！」と叱るよりも、一旦はその感情を受け入れて「やさしくしてもらえなくて悲しかったんだね」「どう言っていいかわからなくて、きつい言葉を使っちゃったんだね」と、爆発した感情をしっかり言い表してあげます。「イライラ」「怒っている」「悲しい」など、さまざまな感情を教えてあげましょう。

暴れまわっている感情が認められると子どもは落ち着きます。

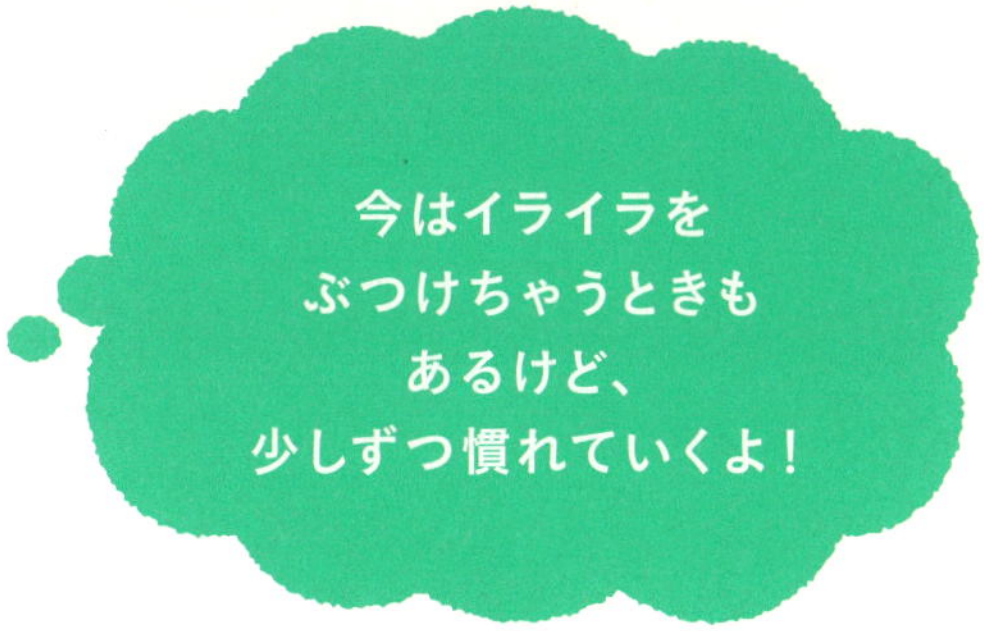
今はイライラを
ぶつけちゃうときも
あるけど、
少しずつ慣れていくよ！

喜怒哀楽の感情をしっかり教えてあげましょう

そこで「やさしくしてもらえないと悲しいよね。今日は帰ろうか」「次は『やめてよ』って言おうね」と対処法を教えます。

感情が高まるのは自然なこと。でも、それをそのまま周囲にぶつけたり、誰かを不愉快な気分にしていいわけではないのです。また、自分の感情をしっかりとコントロールできるようになることでストレスが軽減でき、友達など周囲の人とのケンカも減らせるでしょう。人の感情にも気づける子どもになります。

自分の感情を見つけ「これはイライラだ」「じゃあどうする？」と思えるようになるには、レッスンが必要。小さな頃からしっかりと身につけて、導いてあげましょう。

ちなみに、子どもにしっかりと「イライラしたんだね」「食べたくないんだね」などと感情を言い表してあげられるのは、ママ・パパがしっかりと自分でそれをできているからこそ。イライラしたりカッとなったりしたとき、「怒っているんだな」と自覚するのも、子どもに教えるためのヒントになりますよ。

「今日だけね」を封印すれば、ワガママを我慢できる子どもに育つ

これがほしいんだよね。でもお菓子を買うのは月曜日だけだったよね。次の月曜日まで待っていようね
コクリ
CHOCO

リボクなギモン
「まだ遊ぶ〜！」と言って
聞かないときは？
??
「いいよ、あと何回やる？」
と言って、具体的な回数を
約束させましょう。

「お菓子買って〜！」「ダメ！」「買って！　買って！」と大きな声でダダをこね、ときには床に座り込み大暴れ……。こうした日常に困り果ててしまうママは少なくありません。でも、ここでその場しのぎに「仕方ないわね！　今日だけだからね！」と買ってあげたら最後、明日も明後日も、子どもはダダをこね続けることになるでしょう。では、どうすればよいのでしょうか？　まずは、

「買って」と言われたら「いいよ」と言ってみましょう。

ただ、ひとつ条件があります。**「でも、買い物が終わるまで待ってね」と条件をつけること。**そして「待ってくれてありがとう」と約束どおりお菓子を買ってあげます。これを2週間続けたら、今度は「買って！」と言われたとき「いいよ、明日ね」「いいよ、月曜日ね」と少しずつ期間を伸ばしていきます。

子どもは自分の願いが叶うかどうかがわからないから、泣いて暴

子どもに買い与えていいものは？

子どものためによいと思うものです。親子で話し合ってルールを作りましょう。

れて自己主張をするのです。必ず叶うとわかれば我慢できますし、少しずつ我慢の程度を広げていくことも可能なのです。

4歳という時期は、自己主張が急激に強くなってくるとき。「ママのバカ！」「ママなんて大嫌い！」と否定的な感情をぶつけてきたり、叩いたりして反抗をします。その一方で、4歳は自分自身をコントロールする力が育つ時期でもあります。

この頃、**子どもの中ではワガママを言わないように我慢したり、目標に向かって努力したりする「自律性」という力が身についてきます。つまり、しつけにはベストな時期**なのです。

自己主張や反抗に対応するのは、なかなか骨の折れるものです。ただ、一度のワガママを許して、

「泣けば買ってもらえるんだ」と思えば、人間関係でもそう考えるようになります。

このように間違った思い込みを手に入れてしまうと、学校生活は

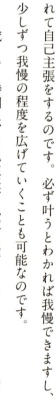

ずかん
ママと決めた
ルールだから
しっかり我慢するよ！

例外を作らず、親の一貫した方針を貫きましょう

もちろんのこと、社会に出てから損をするばかりです。

子どものすこやかな成長に大切なのは、「ダメなものはダメ」という一貫した主張。おこづかいや、お年玉の使い道についても同じで「お金を使っていいもの」「使うべきでないもの」の軸を決めて、ブレさせないようにしたいものです。**例外を作らないために、パパはもちろんのこと、おじいちゃん・おばあちゃんにも徹底してもらうようにしましょう。**

もう少し子どもが大きくなると、ほしがるものはどんどん増えてくると思います。たとえば、女の子によく見られるのが、かわいい消しゴムやラメ入りのペン、えんぴつなどをたくさんコレクションすることも。友達に見せて「わ〜、いいなあ！」と羨ましがられて鼻が高かった経験を持つママも多いことでしょう。これらについても、不要なものをなんでも買ってあげるのは禁物。「本当に必要なの？」と子どもに問いかけてみましょう。それが、ものへの不要な依存へのストッパーにもなります。

足が遅くても、水泳や武道を磨けば自己主張できる子に育つ

どんなママ・パパでも、わが子には運動が得意であってほしいと願うものでしょう。ただ、泳げない、足が遅い……そんなコンプレックスで子どもが運動に対して消極的な姿勢を見せたとき、「運動ができなくても、勉強ができれば」「運動だけがすべてじゃないし」と、楽観的になりすぎるのはいささか問題です。

運動コンプレックスは、運動でしか解消できません。

ひとつのことができなくても、ほかが優れていればいいという考え方もあるかもしれませんが、こと運動に関しては注意したほうがいいのです。というのも、**運動が好きかどうかは、自己肯定感の形成に大きく影響します。また、運動が好きな子のほうが、自己肯定感が強い場合が多いのです。**

もちろん、どんなスポーツでもそつなくこなす必要はありません。足が遅かったり、太っていたりして運動に苦手意識を抱いている子

ソボクなギモン
内気な子どもに合うスポーツは？
??
武道系がおすすめです。察してもらいたがる子どもにはぴったりです。

でも、球技や水泳、武道といった分野では思わぬ才能を見せることがあります。「運動が苦手」というコンプレックスは運動で覆すことがより好ましいので、子どもにぴったりのスポーツを見つけてあげるのがすこやかな成長につながります。

たとえば、水泳なら体格のいい子でも練習次第でしっかり力を発揮できます。細かく級が上がるので、達成感も得やすいでしょう。

武道を習えば、しっかりと自己主張ができる子になります。

剣道や合気道、柔道などのいわゆる「武道」と呼ばれるスポーツは、お腹に力を入れ、大きな声を出します。練習や試合など人前で大きな声を出す経験を積み重ねることで、自分の意見がはっきりと言える基盤ができます。**相手の目を見て、しっかりとものを言える子に育てるためにはぴったりのスポーツ**と言えるでしょう。習い事のひとつとして、検討してみるのもいいかもしれません。

できなさそうなことに挑戦して悔しい体験をすれば、やさしい子に育つ

「女の子はやさしい子に育ってほしい」と願うママはとても多いものです。ただ、人の言うことを聞くだけでは真のやさしさとは言えません。たとえば、傷ついたり、失敗したりしても折れずに頑張る強さが必要です。そのためには、

5歳というこの時期にちょっとつらい思いをさせてみましょう。

たとえば、きょうだいゲンカをしていてもすぐに止めず、見守ってみる。習い事や遊びで「できない～!」と言っても、手伝わずにひとりで頑張らせてみる。**友達に負けて悔しい思いをしたり、うまくできなくてつらくなったりといった経験を乗り越えることで、他人のつらい気持ちも理解できるようになるのです。**

子どもがつらい思いをするのは、親にとってもつらいもの。でも、つらいことの芽をつみ取ってしまえば、やさしさは育ちません。人の気持ちを知るチャンスと思って、少しだけ見守ってあげましょう。

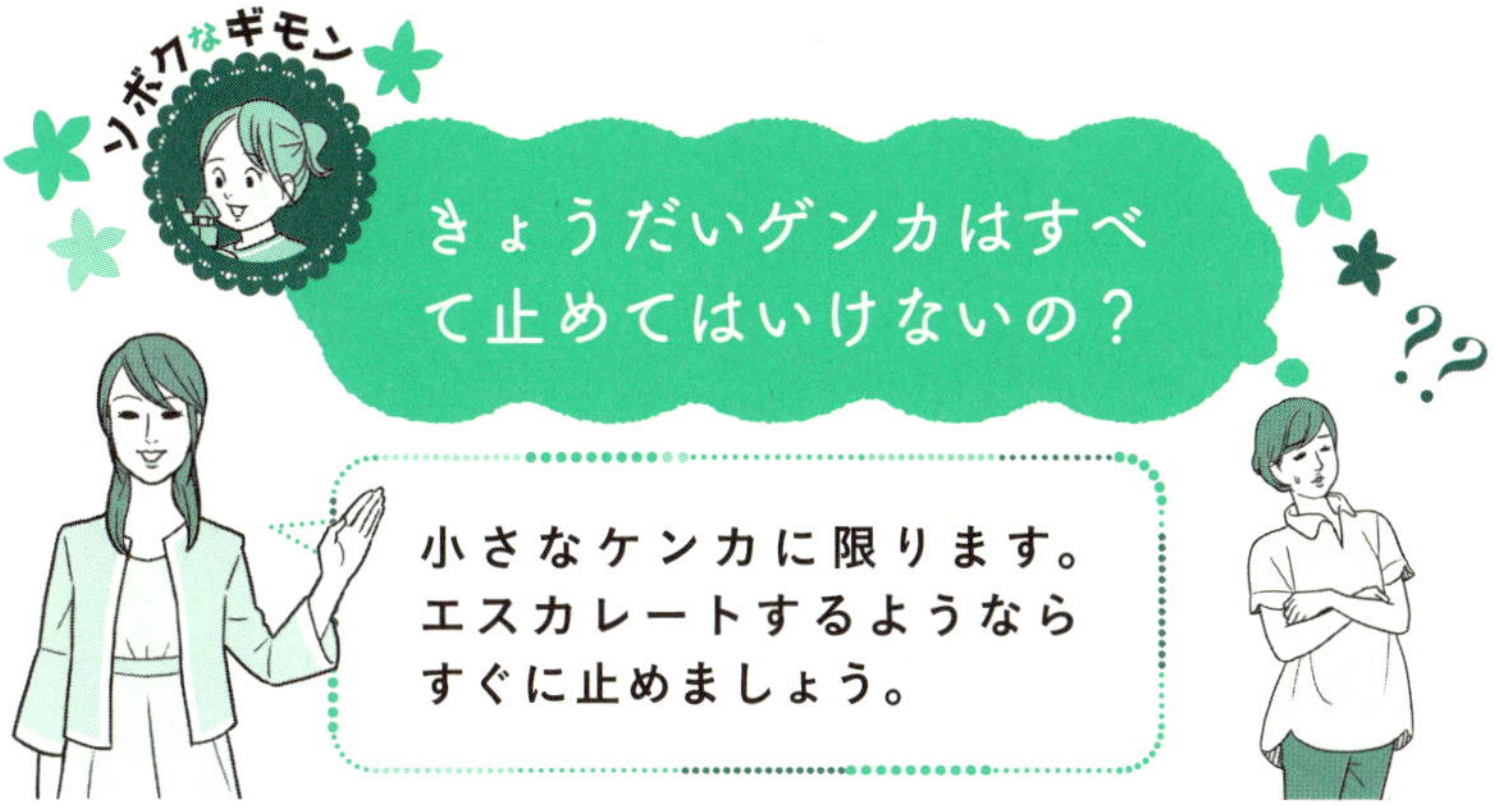
リボクなギモン
きょうだいゲンカはすべて止めてはいけないの？
??
小さなケンカに限ります。エスカレートするようならすぐに止めましょう。

ママやパパが「嬉しいよ」と伝えてあげれば、思いやりのある子に育つ

「相手の立場に立って考えなさい」と、小さな頃から言われていたママやパパはとても多いことでしょう。叱られるたびに反省した苦い経験は、子どもが自分勝手な振る舞いをしたときなどに、自戒とともに思い出されるかもしれません。

子どもは友達とケンカをしてつらい思いをしたり、友達よりうまくできなくて悔しい思いをしたりしながら、相手の心情を察する練習をします。ただ、自然な体験に任せるだけではなかなか、その機会に恵まれないこともあるでしょう。それをカバーするためにも、ぜひ心がけていただきたいことがあります。

ママやパパが他人の気持ちを代弁して指示しましょう。

たとえば、自分より弱い立場の子どもに接するときは**「仲間に入りたいから、手をつないで砂場まで連れていってあげて」**、寒いときは**「ママ、寒いな。ブランケットを持ってきてくれる？」**といっ

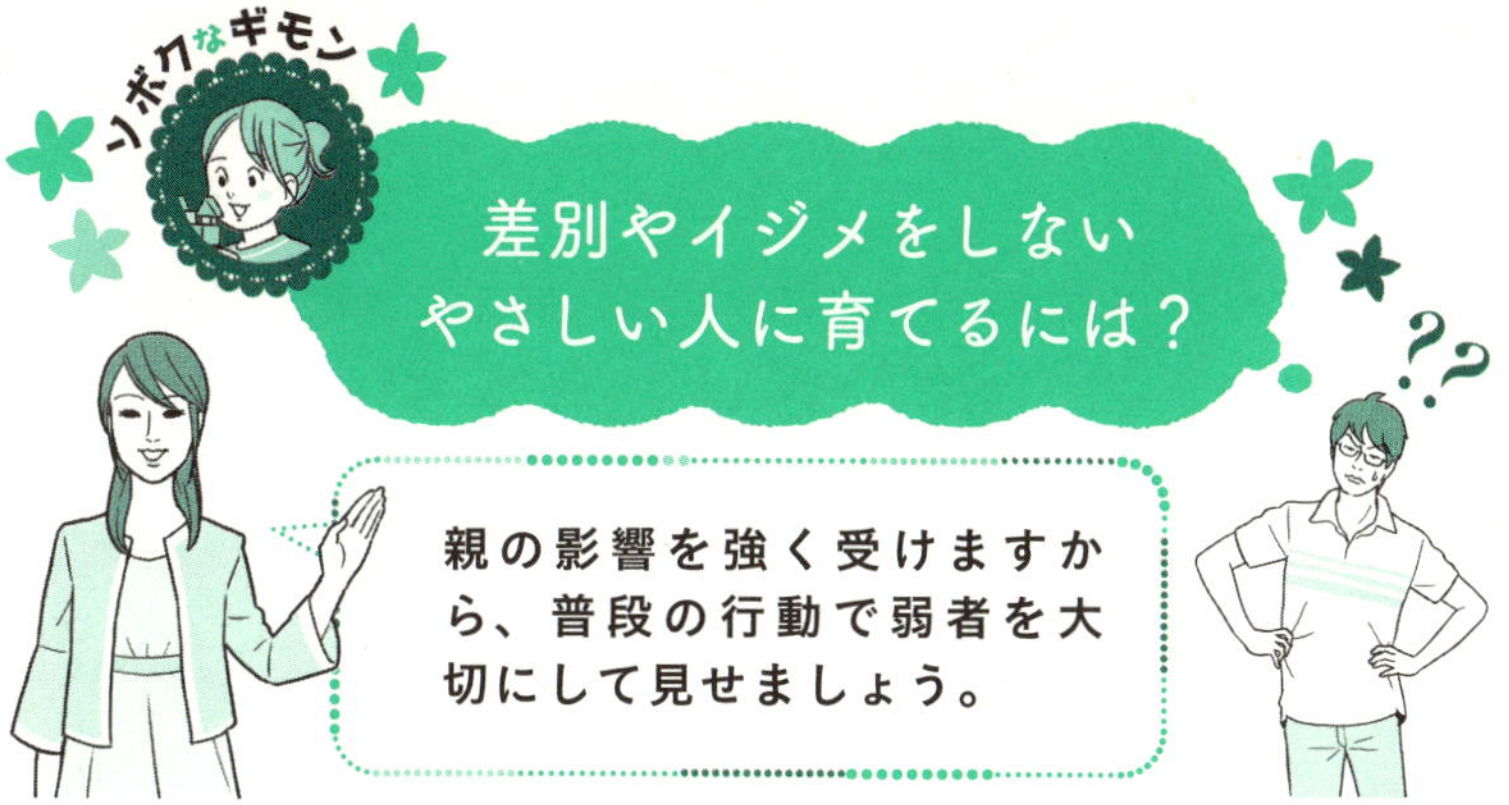

差別やイジメをしない やさしい人に育てるには?

親の影響を強く受けますから、普段の行動で弱者を大切にして見せましょう。

たように、具体的に指示をするのです。

こうした共感能力をアップするには、しっかりとしたフィードバックが何より効果的です。たとえば、「寒いな。ブランケットを持ってきてくれる?」と言って子どもが持ってきてくれたら、「ありがとう」という言葉とともに、

「ママ、嬉しいわ」という Iメッセージを伝えましょう。

「Iメッセージ」というのは「(私は)嬉しいわ」「(私は)悲しいわ」といった、自分が主語のメッセージのこと。これに対して「YOUメッセージ」というのは「えらいわ」「頑張ったね」などの「あなた」が主語のメッセージです。**自分がしたことに対して周囲がどう思うかを子どもに理解させることができるのは、ママやパパからの「Iメッセージ」。**思いやりの心を育てるために、ぜひ使ってみてくださいね。

ママとパパからの心を込めた「ありがとう」「ごめんなさい」が、子どもの素直な心を育む

リボクなギモン
「えらいね」というほめ言葉でもいいですか？
??
「嬉しいわ」などと感情を伝えたほうが、思いやりを育てるには効果的です。

子どもが「ありがとう」「ごめんなさい」を言えないとき、「すぐに言わせるクセをつけなくちゃ！」と思うママ・パパは多いことでしょう。大人でもこうしたことが言えない人がいますが、印象は悪いですよね。それを知っているからこそ、わが子のために〝言うクセ〟をつけてあげたい。そのため厳しく「ありがとうは？」「ごめんなさいって言いなさい！」と言いたくもなるものです。ただ、そこで渋々「ありがとう……」と言わせても、子どもの心の中に感謝の気持ちは育ちません。むしろ、口先だけで言葉を口にすることを覚えるだけです。心からの「ありがとう」を言える子にするためには、

普段から、心を込めて子どもに「ありがとう」と言いましょう。

「ありがとう」と言われることは嬉しいことなんだ、と気づくことで初めて子どもはその大切さを学びます。「嬉しい」「楽しい」「幸せな気分」と言った言葉でもいいでしょう。

失敗や自分の非を絶対認めない子には？

親が自分の失敗談をたくさん話してあげましょう。勇気にもつながります。

女の子ならママが「ありがとう。○○してくれてママ、本当に嬉しいわ」と言えば、人を喜ばせてあげたいと思えるやさしい子になります。普段はあまり感情を言葉にしないパパも多いかもしれませんが、強くてかっこいいパパが「ありがとう。おまえのおかげで助かったよ」などと言ってくれれば、男の子は大喜びです。

ポイントは、**子どもが何かをしてくれたらその場ですぐに「ありがとう」と言うこと。自分の行動がまわりの人に影響を与えているということを教えることにもつながります。**また、お手伝いをした直後であれば「人の役に立ちたい」という、人間が本来持っている欲求をまっすぐに伸ばしてあげられるでしょう。

「ごめんなさい」も、とても大切な言葉です。これも、普段から大人がしっかりと子どもに言えていることが大事です。たとえば、おもちゃのブロックが散らばっているのを見て子どもを叱ったら、実はパパのうっかりだった……なんてことは日常的にあるもの。こういうときにもしっかりと**「疑ってごめんなさい。ママが勘違いして**

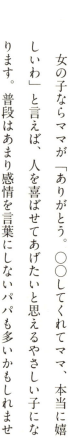

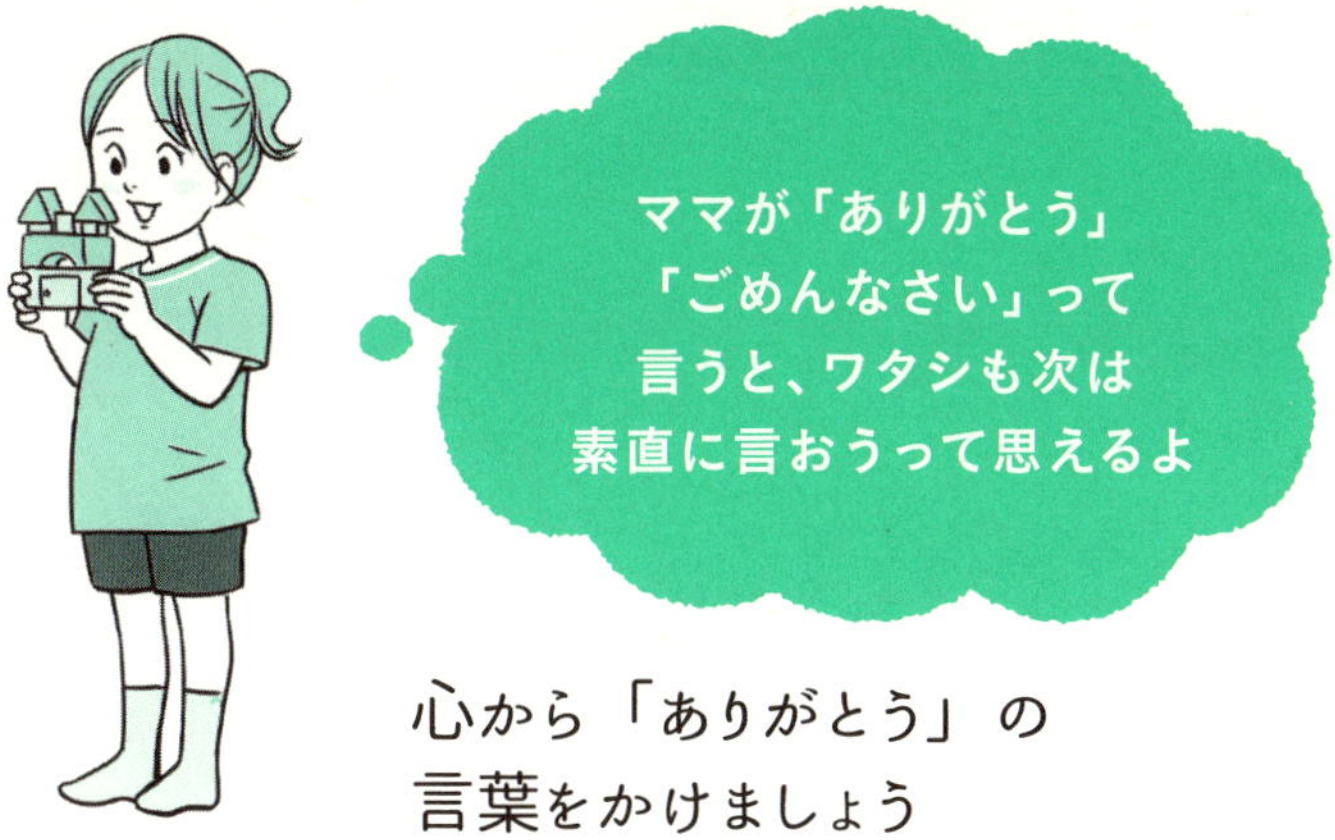
ママが「ありがとう」
「ごめんなさい」って
言うと、ワタシも次は
素直に言おうって思えるよ

心から「ありがとう」の
言葉をかけましょう

いたわ」と謝りましょう。自分の過失を認めて謝ることで子どもは不信感を解消し、自分の過ちも認められるようになるのです。

謝罪と「気をつけるね」で絆を強められます。

子どもがしたことで不快なことがあると、つい怒って厳しい言葉でとがめてしまいたくなるかもしれません。たとえば、人形を乱暴に扱っているとき「やめなさい！」ではなく「そういうことをすると、ママは悲しいわ」と気持ちを説明してあげるようにしましょう。

子どもがワガママを言ったりダダをこねたりするとイライラするものですが、そういうときも5歳ならきちんと話せば理解できるようになります。「そんなに大声で泣かれるとママも悲しいな。泣きやんだら、話してね」「パパは今日、疲れてるんだ。そういうときにワガママを言われるとつらいなって思ってしまうんだ」と、感じていることを繰り返し教えてあげましょう。

"ごっこ遊び"をガチでやれば、子どもの「想像力」と「創造力」が育つ！

ママやパパになりきってごはんを食べたり家事をしたりする「おうちごっこ」、お店やさんで買い物をする「お店やさんごっこ」。子どもたちは〝ごっこ遊び〟が大好きです。

この〝ごっこ遊び〟、実は単なる遊びというわけではありません。ルールを決めていろいろなアクションをし、ルールから外れそうな子がいたら注意するという一連の流れによって、

目標・計画・実行という脳の機能がきたえられます。

5歳なら、好きな物語を子どもが作り、大人はあくまで脇役に徹するといいでしょう。子どもに命じられた役を演じながら状況に応じて物語を膨らませたり、新しい物語を作ったりすることをうながすのもいい選択です。

また、この時期はお医者さんごっこのための聴診器、レストランごっこのためのフライパンなど、

きょうだいの"ごっこ遊び"はどうしたら？

上の子に対して、下の子にやり方を教えるように勧めてあげましょう。

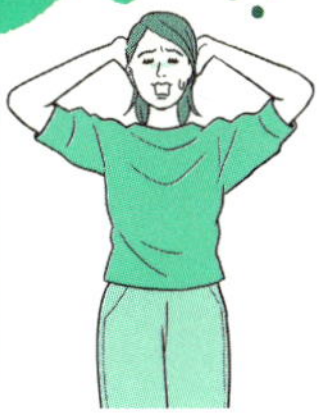

"ごっこ遊び"の小道具を手作りすると思考力アップに役立ちます。

厚紙やひもを使って、一緒に工作タイムを楽しんでみましょう。

5歳以降になって子どもたちだけで遊び始めたら、"ごっこ遊び"の世界はさらにバラエティに富んだものになります。人形を使って声色を使い分けながらいろいろな役を演じたり、お気に入りの絵本の設定を持ち込んで、さらに新しいお話を創作したりするようになります。

この時期になったら、親は役のひとりとして参加するよりも"ごっこ遊び"の世界をより豊かにするための応援に回るといいでしょう。「こんなふうにしたらもっと楽しいんじゃない？」「牛乳パックで人形の椅子を作ってみたら？」など、いろいろなアイデアを出してあげれば、遊びが深まり、子どもの創造力もより豊かになっていくことでしょう。

5歳の「なぜ？ なぜ？」攻撃に とことん付き合ってあげれば、子どもの好奇心が育つ

4歳から5歳くらいの子どもの好奇心は素晴らしいものです。朝から晩まで「なぜ？」「どうして？」とママやパパを質問攻めにし、ときには「ねえねえ、赤ちゃんはどこから来るの？」「どうして太陽は明るいの？」などという鋭い質問をしては大人を困らせるようなことも多いことでしょう。

こんなとき、「後にしなさい！」「ママもわかんないよ！」などとはねのけてしまうのはもったいないこと。

好奇心を持ち続ける子にするには 5歳の今がチャンスです。

というのも、**小学校に入ると学校教育の中で、多くの子どもが「質問すること」よりも「正しく答えること」のほうが大事なのだと学んでしまいます。**多くの学校では、子どもたちが好きに質問をすることよりも、教科書どおりに正しく答えることを求めるからです。

そのスタンスのまま小学校、中学校を経て……と過ごしていると、

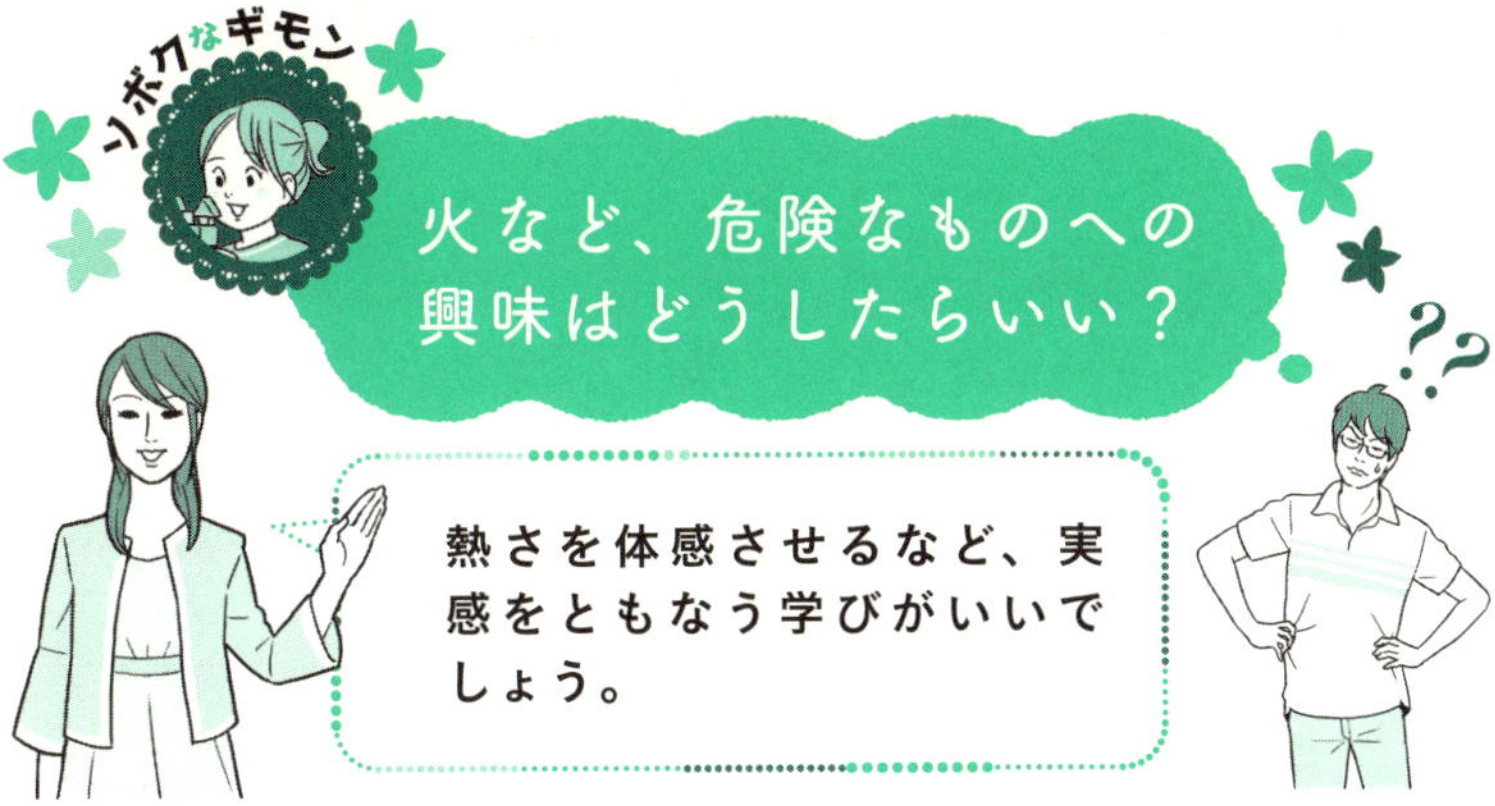
リボクなギモン
火など、危険なものへの興味はどうしたらいい？
熱さを体感させるなど、実感をともなう学びがいいでしょう。

社会人になる頃にはすっかり好奇心を失った大人になってしまうのです。社会に出れば「言われたことをやる」だけでは通用しないのに「なぜ？」「どうして？」といった好奇心が失われていては、苦労することは目に見えているのです。

子どもの好奇心を最大限に伸ばすには、5歳が絶好のチャンス。

美術館の音声ガイドのように、子どもの知性をガイドしてあげましょう。

身の回りのものを使って説明するのもいいでしょう。ママもわからないことなら、一緒に図書館で本を探してみたり、インターネットで調べてみたりするのもよさそうです。

料理や自転車の修理など、余計に面倒になるからと子どもを遠ざけるよりも、一緒にトライしていろいろなものを触りながら説明してあげてください。学校に入る前のこのタイミングで、好奇心を持ち続ける基礎を作りましょう。

CHAPTER

3

6歳から8歳までに始めたい子育て習慣

- 自分らしさの花が咲けば、社会性のある子に育つことでしょう。
- 健康の花が咲けば、人生を楽しめる子に育つことでしょう。
- 聞き分けの花が咲けば、理解力のある子に育つことでしょう。

小学校低学年で身につけたい力の育み方、お教えします。

理解力のある子に育つ

8歳からの

聞き分け習慣

P118

人生を楽しめる子に育つ

7歳からの

健康習慣

P104

社会性のある子に育つ

6歳からの

自分らしさ習慣

P092

親子でいろんなことを議論すれば、コミュニケーション力が育つ

コミュニケーションを増やすには？

リビングの横に家族の勉強・読書スペースを作るといいでしょう。

親やきょうだいはもちろんのこと、友達や先生、周囲の人に自分の意見がはっきり言えるというのは素敵なことです。子どもも今は周囲の身近な人との会話にとどまっていても、成長すれば仕事上で付き合いのある上司や後輩、取引先や、生涯をともにするパートナーとよい関係を築いていくために、自己表現は基本中の基本とも言えるスキル。これらはいきなりできるわけではありません。小さな頃から、親子でしっかりと会話をしていることがカギとなります。

子どもとの会話で大切なのは、信頼関係を築くことです。

子どもがしっかりと自分の意思を伝えるためには、何よりも**親に対して「なんでも話せる」「自分の話は受け止めてもらえる」という基本的な信頼感があることが重要です。**

仕事が忙しいママやパパにありがちなのが、幼少期にあまり真剣にかまってあげられないというパターンです。大きくなってアドバ

リボクなギモン

子どもは何歳くらいから気持ちを読み取るの？

3歳になると表情が読み取れるように。4歳以上は体の動きからも察します。

イスや注意をしようとしても、信頼関係ができていないと「ウザい」と感じられてしまうだけ。そのためにも、6歳の今からしっかりと子どもの話を真剣に聞き、理解しようと努めましょう。

昨今増えているのが、子どもが話したがっているのにスマホやノートパソコンに夢中、という親です。6歳児ともなれば、親の注意がどこに向いているか、自分の話に向き合ってもらえているかは瞬時に見抜きます。これでは信頼関係は築けませんし、子どもが人の顔色を見て感情をコントロールするといったコミュニケーションスキルも磨くことができません。**子どもが目の前にいるときは、デジタル機器はオフにして、顔と顔を突き合わせたコミュニケーションをする**くらいの心がけのほうがいいのです。

また、自己表現というのは何も、自分の気持ちを言いっぱなしにすることではありません。相手と意見を交わし、批判されたなら受け入れてよい状態にしていくことができて、初めてコミュニケーションが成り立ちます。

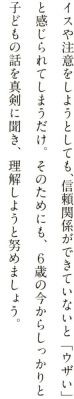

話を聞いてもらえているな
ってわかると
いろんなことを
もっと話したくなるよ！

小さな頃から、真剣に話し合うことを習慣にしましょう

子どもの頭が柔らかいうちに、議論できる能力を磨きましょう。

そのためには、ぜひ親子で議論することを小さな頃から習慣にしましょう。「あれはどう思う？」「どうして？」など積極的に話しかけ、子どものほうからも矛盾や疑問をどんどん投げかけるようにうながします。そうする中で、人の価値観や意見は自分と違うこと、意見や反論が人格攻撃ではないということを学ぶことができます。

このとき大事なのが、親の意見や価値観を押しつけないこと。「どうせ言ってもムダじゃん」と思わせてしまい、本気でのコミュニケーションが不可能になってしまいます。**違いはあっても、互いに尊重して建設的な議論をする。相手を尊重しながら自分の意見もしっかり伝える。**そうしたスタンスを身につけることができれば、友達やこれから出会うたくさんの人とも思いやりのある、良好なコミュニケーションを築いていくことができるでしょう。

ママが「パパはダメな人」と言ったら最後。子どもはパパを「ダメな人」と見る

素直な子に育てるにはどうしたらいい？

ポジティブな発言をしましょう。世界を肯定的にとらえられるようになります。

あなたはいつもグチを言っていませんか？　生活していると、不満に思うようなことはたくさんありますよね。家事を全く手伝ってくれないパパ、ちょっぴり面倒なママ友、口うるさい両親のこと。そうした日々の悩みがついポロッと口から出てしまうのは、誰にでも多かれ少なかれあるものですが、子どもの前ではやめておきましょう。

子どもは親の価値観や言動を、そのまま吸収します。

親の会話はそのまま子どもに刷り込まれるのです。ママやパパがいつもグチだらけだと物事に対して否定的な感情を持ち、ひねくれた態度をとりやすくなります。夫婦間なら「言いすぎだってば！」で通じるような軽口も、子どもには通じません。だから**冗談であっても「パパは本当にダメな人ね」「こんな人と結婚しなければよかったわ」などと言わないようにしましょう。**夫婦の関係性のあり方は

言い訳やごまかしが目立つ場合は？

ガミガミ怒りすぎていませんか？　目標や約束は子ども自身に決めさせましょう。

子どもに大きな影響を与えますから、子どもがママとパパ両方を尊敬できるように気をつけていきたいものです。

特に深刻なのが、差別発言や偏見。偏った考え方はすべて子どもの人格形成に影響を与えます。小さな頃は「子どもの言うことだから」で済まされていた偏見や差別意識も、大きくなれば人を傷つけたり、信用を失ったりすることもあります。間違った考えであると気づくまでに長い時間がかかれば、世界へと羽ばたいていくうえでは決して見逃すことのできない足かせとなってしまうでしょう。親が「自分の考えは正しいのだろうか？」と常に意識して子どもに接するようにしましょう。

言葉だけでなく、行動も重要です。

親ができていないことを、子どもにやらせようとしてもムダです。

「遊んだ後はおもちゃを片づけなさい」とママがキッチンを乱

大好きな
ママとパパだもん!
いっぱいマネして大きくなるよ

子どもにマネしてほしい行動をとろう

雑にしていたり、「勉強しなさい」と言うパパが家の中ではゴロゴロしてテレビを見るだけ……という状態では、子どもが努力をするはずがないのです。

たとえば、コツコツと地道な努力ができる子どもの親を調べてみると、親自身が普段から勉強や読書に熱心で、子どもはそれを当たり前として育ってきたというケースがよくあります。普通の家庭から学業や一芸に秀でた子どもが出ると話題になることもありますが、決してたまたまではなく、親がお手本になっていたのでしょう。

逆に言えば、**子どもに「こうなってほしい」という姿があるならば、ママ・パパ自身が毎日の中でそう振る舞えばいい**ということでもあります。

「勉強や読書が好きな子になってほしい」と思うなら、1時間でも勉強する姿を見せてあげましょう。「嘘をつかない子になってほしい」と思うなら普段から誠実な発言を心がけるといいでしょう。親は子どもにとって一番のモデルなのです。

家族で伝え合う「あいさつ習慣」で、信頼してもらえる子どもに育つ

「おはよう」「こんにちは」といったあいさつは、ママ・パパも小さい頃から口をすっぱくして言われてきたことでしょう。あいさつは、目上の人やあまり親しくない人ともしっかりとコミュニケーションをとっていくための、社会的スキルのひとつ。社会に出てからも、あいさつがしっかりできることで「なかなか気持ちのいい新人だな」「きっちりしている人で信用できそうだ」などと思われることも多いものです。

「あいさつが苦手」で済ませず言う習慣を作りましょう。

内気な子の場合はつい「この子は引っ込み思案で……」などとフォローしてしまいがちですが、それは子どもを守ることにはなりません。小さな声でもかまいません。心の込もったあいさつをするようにうながしましょう。思い切って声を出してみれば、恥ずかしさは案外平気になるものです。さらに**大人が嬉しそうにしたりほめてく**

あいさつをうながすときは、どう言えばいい？

「あいさつしなさい」は×。「なんて言うんだっけ？」と聞いてあげましょう。

れたりすれば「これは嬉しいことなんだ！」とわかります。今はもじもじしている子も、きっとあいさつできるようになるでしょう。

あいさつ語のひとつ「ありがとう」も、ぜひ普段から言えるようにしておきたいものです。感謝するということは、自分のまわりに嬉しいことがいっぱいあると気づくこと。そして、それを言葉と態度で表現することです。「ありがとう」が言える子に育てるには、

他人に対しても、家族間でもいつも「ありがとう」を言うこと。

ママからパパへ、パパからママへ。そしてもちろん親から子どもへ感謝する習慣を作ることで、子どもは自然に真似をして「ありがとう」と言えるようになるのです。

あいさつ、そして特に「ありがとう」が言えない人は、どんなに優秀でも人として信用されにくいものです。子どもが将来損をすることのないよう、ぜひあいさつを習慣にしていきましょう。

ホームパーティーで大人と接すると、友達を作れる子になる

子どもが引っ込み思案でもじもじしがちな、恥ずかしがり屋さんの場合、ママ・パパはなんとかして積極的になってほしいと願うことでしょう。そんなときは、

大人同士の集まりにできるだけ子どもも参加させてみましょう。

親戚や友達を招いてホームパーティーをするのもいいですし、複数の家族でキャンプをしたり、バーベキューをしたりするのもいいですね。知らない大人と話したり、ワイワイと皆で過ごす場を設けたりすることで子どもは少しずつ〝場馴れ〟して、人見知りや物怖じする性格を解消していくのです。

子どもがコミュニケーションの仕方に悩むのは、その方法を知らないから。だけど、大人が上手に話を振ってあげたり、自分のことを知ってもらおうと頑張ったりする中で自分なりのやり方を会得していきます。

核家族で、つい家族だけで過ごしがちの場合は？

幼稚園や学校、地域で行われる子ども向けのイベントに行くことを検討してみては？

会社の同僚を家に招いたり、友人同士の食事に招かれたりしたとき、相手の意向を聞いてOKであれば子連れで参加してみるのもいいかもしれません。

閉鎖的な子どもにしないために どんどん、他人に会わせましょう。

もちろん、子ども同士での交流も大切です。誕生日にはパーティーを開き、クラスの子をたくさん呼んであげてはいかがでしょう。そうすると友達のパーティーにも呼ばれるようになるので、交流もグッと深まります。

子ども同士でケンカをすることもありますが、それもまた人間関係の練習です。**本気でぶつかり合ったり、相手に嫌なことを言われたりすることで、子どもは「これをしたら傷つくんだ」「こうするとケンカになるんだ」ということを学びます。**親はできるだけその場を用意してあげるよう、心がけてみましょう。

毎晩決まった時間に ベッドに入らせてあげると、子どもの脳が育つ

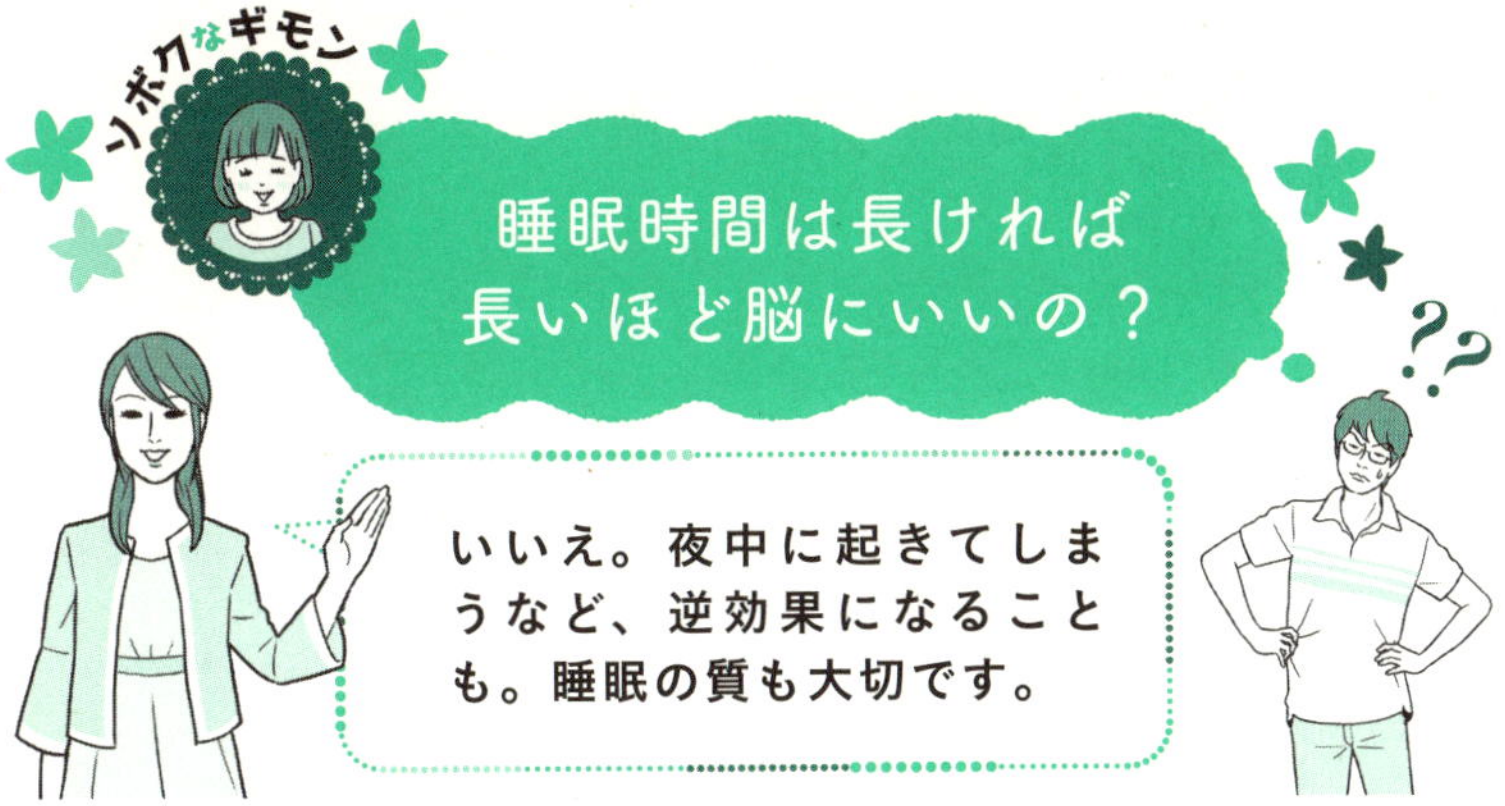
リボクなギモン
睡眠時間は長ければ長いほど脳にいいの？
??
いいえ。夜中に起きてしまうなど、逆効果になることも。睡眠の質も大切です。

授業中に騒いでクラスのみんなを困らせたり、友達を叩いたりといった子どもの問題行動は、ママ・パパにとっては心配事のひとつ。普段からしっかりとしつけをしたり、子どもの話を聞いてあげたりすることも大切ですが、睡眠がそのカギを握っていることは意外と知られていません。

毎日同じ時間に寝ている子は、問題行動が少ないのです。

これはイギリスで行われた研究によって明らかになりました。就寝時間は何時でもよく、9時に寝ると決めたら毎日9時に寝る、ということがポイントとなります。**7歳までに就寝時間を安定させれば、小さな頃に問題行動が多くても改善が見られたそうです。**

では実際、何時間くらい寝るのが〝正解〟なのでしょうか？ もちろん適正な睡眠時間は人それぞれですが、**アメリカ国立睡眠財団の研究によれば、睡眠時間は1～2歳なら11～14時間、3～5歳な**

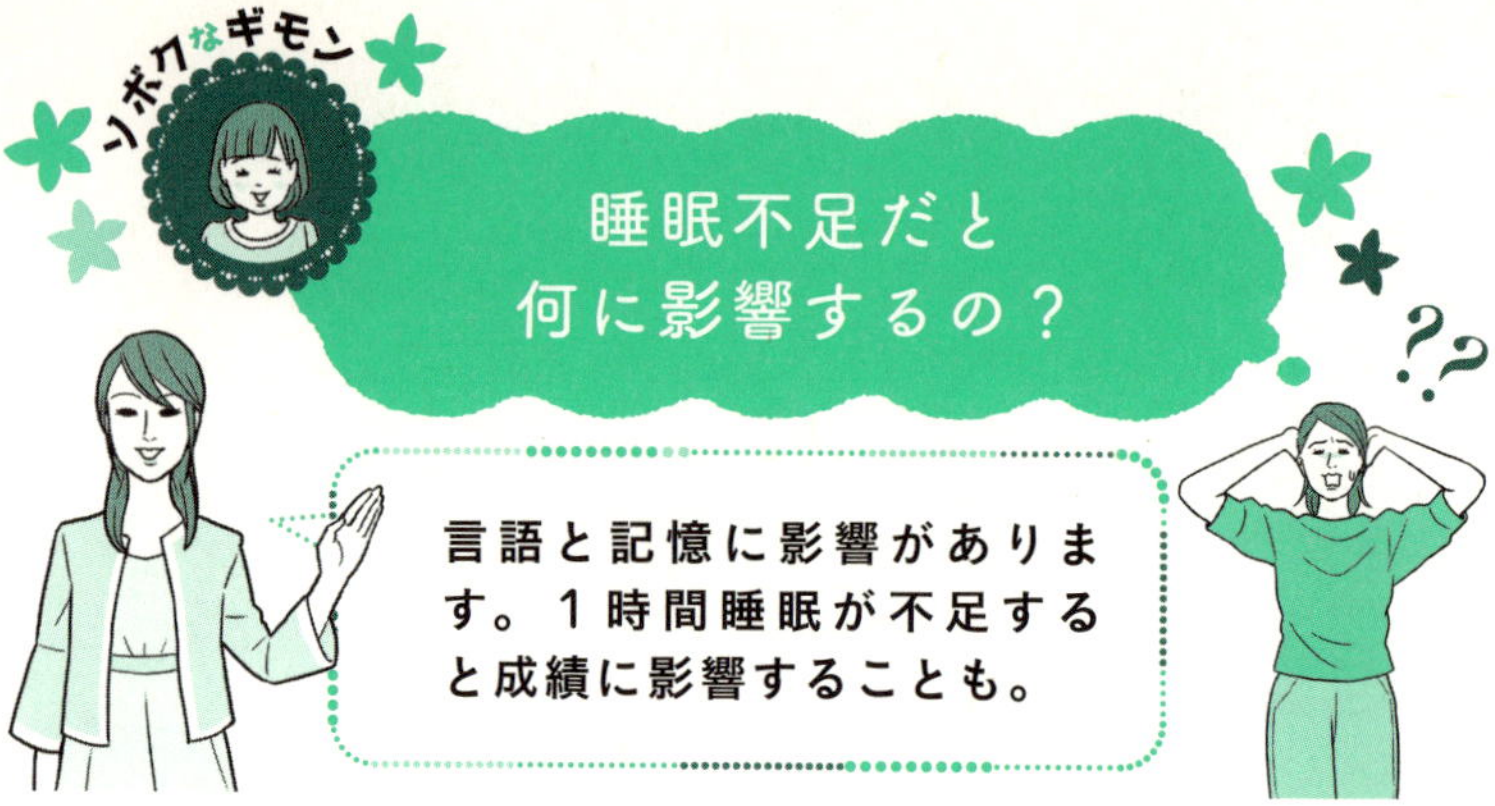
ソボクなギモン
睡眠不足だと
何に影響するの？
??
言語と記憶に影響があります。１時間睡眠が不足すると成績に影響することも。

ら10〜13時間、6〜13歳なら9〜11時間と推奨されています。起きる時間から逆算して、就寝時間を決めてあげるといいでしょう。

睡眠に関わることでもうひとつ大切なのが、脳の成長です。実は脳の「海馬」という部分は、睡眠に大きな影響を受けることがわかっています。

睡眠時間が少ないと、脳はしっかり育ちません。

脳にある神経細胞のほとんどは生まれたときをピークとしてどんどん減っていきますが、「海馬」は逆に神経細胞が増え、大きくなっていくという特徴があります。ところが、**睡眠不足が長く続いている子どもは、たっぷり寝るのが習慣になっている子どもよりも「海馬」の成長が遅く、体積も小さくなりがちなのです。**

「海馬」はご存知のとおり、脳の中でも司令塔的な役割を果たすところで、記憶をつかさどっています。ここが小さいということは、

しっかり寝て、
いい子になるよ！
テストもよくできるように
なるかな？

「寝る子は育つ」は本当です

いくら勉強を頑張っても記憶できる量が減ってしまうということ。努力の有無ではなく、覚える能力そのものが低下してしまうのです。

睡眠をしっかり取るようにすれば、脳はまた成長を始めます。宵っ張りの子に対しては、ぜひ早いうちから少しでも改善をはかってみてください。

問題行動も「海馬」の成長も、子ども自身が睡眠不足という自覚がなくても、確実に起こります。大人の考え方からすると「自然に眠くなってからたっぷり眠ればいいのでは？」と思ってしまうかもしれません。でも、子どもは体力がある分、睡眠不足にも気づきにくいものです。大人が見ているテレビにつられて夜更かしをしたり、遊びが楽しくていつまでも寝なかったりしていては、自分でも気づかないまま睡眠不足になってしまうのです。

子どもは「昨日は遅く寝たから、今日は早く寝よう」といったように自分から睡眠を補いませんから、ここは親が十分に気をつけてあげることが大切です。

「ごはん→歯磨き→おふろ」のルーティンで、自分から動く子に育つ

7歳以下の子にもできますか？

問題ありません。だけどルーティンの数は3つまでにしてあげましょう。

自分で計画を立ててそれを実行する。やりたいことがあってもしっかりと「やるべきこと」をやる。そうした子どもに育てるカギとなるのは、毎日のルーティンを確実にこなしていくことです。朝なら朝食を食べること、支度をして登校すること。学校から帰ってきたら、宿題をする。夜は夕食を食べ、決まった時間に寝る。これらひとつひとつをしっかりとこなすことが、子どもを助けることになります。さまざまな研究データからもそれは明らかになっており、

自分でできるようになれば独立心が育ちます。

また、**物事を実行する力をつけるには「計画をする」「予測する」という能力が欠かせませんが、毎日同じことをすることでそれがしやすくなります。**「遊びたい」「動きたくない」といったワガママをグッと抑えて、やるべきことをさせることで、自制心をきたえることもできます。

リボクなギモン
リストは何で作るの？
ホワイトボードにマグネットシートを貼り「やったら裏返す」のがおすすめです。
??

大人は「同じことを繰り返すだけの毎日はつまらないな」なんてつい思ってしまうかもしれませんが、それは「自分のことが自分でできる」という能力が身についているからこそ。**この能力は自然に身につくことはないので、子どもの頃から自分でルーティンを決め、しっかりと繰り返し行なっていくことが大事なのです。**

もっともトライしやすいのが朝。やるべきことが多いうえに、7歳になるとさまざまなことができるようになります。まずは子どもと一緒に、

「朝のチェックリスト」を作って実行してもらいましょう。

項目は7つくらいまでがベストです。学校へ行くまでの支度でいうなら「ベッドを整える」「歯磨き」「着替える」「朝ごはん」「かばんの中身をそろえる」「コートを着る」「靴をはく」などでしょうか。文字で書いてもいいですし、かわいいイラストを添えてあげるのも

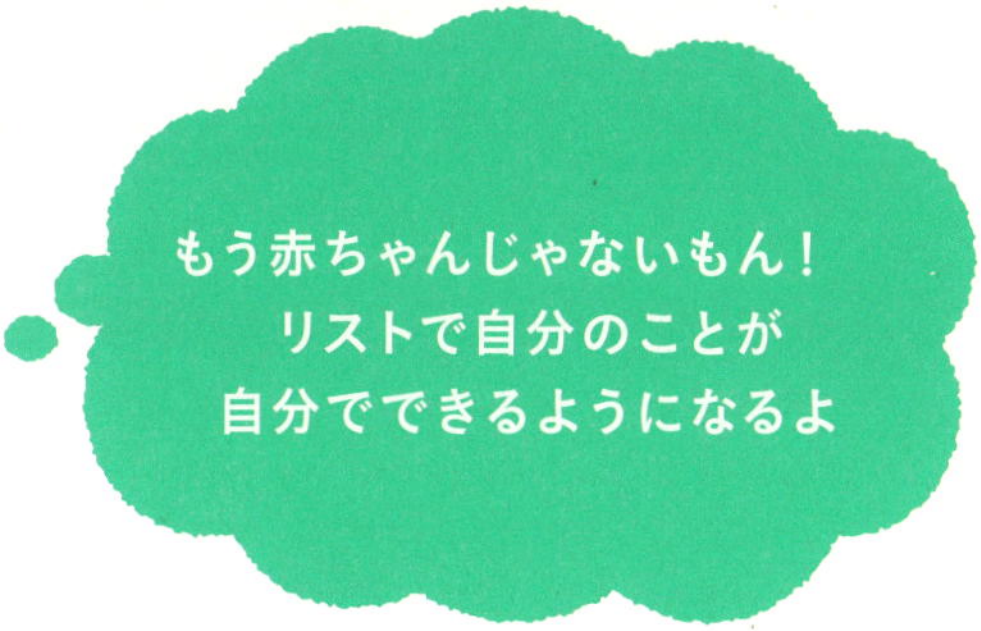
もう赤ちゃんじゃないもん！
リストで自分のことが
自分でできるようになるよ

子どもの独立心はルーティンで育てよう

わかりやすく、子どものやる気をうながすかもしれません。

このリストは目につきやすいところに置いておき、**子どもが別のことをしそうになったら「次は何をするのかな？ リストをチェックしてみて」と軌道修正をうながします。**子どもは何もない状態から「やるべきこと」を思い出そうとすると大変ですが、すでにリストがあれば「忘れてた！ やろう！」と考えやすいのです。

だいたい2〜3週間、サポートしながらリストをチェックするようにうながしてあげると、子どもは自分からチェックし、やるべきことを実行するようになります。

「毎朝あれをしなさい、これをしなさいと怒鳴りっぱなし」「朝はもう自分のこともかまっていられない、戦争みたいな状態！」と悩んでいるママ・パパにも、気持ちに余裕ができるかもしれません。子どもも朝から「なんでまだ歯みがきをしていないの!?」「忘れ物は!?」と怒鳴られているよりは、楽しく朝の支度ができるのではないでしょうか。

ママやパパが生徒に なってあげれば、なんでも 楽しめる子に育つ

7歳になると、子どもの興味もどんどん広がってきて好きなものが増えてきます。本を読んだり、自由研究で調べたりして大人顔負けの知識を持っている子どもも少なくないでしょう。「ママ、知らないの〜?」なんて、得意げな顔でちょっぴり生意気な発言をする子もいるかもしれませんね。

子どもが好きなことは、子どもからどんどん教えてもらいましょう。

たとえば、虫が大好きな子なら、休みの日に出かけた公園でいろいろな虫の名前を教えてもらいます。夏休みや連休で旅行をするなら子どもがいま夢中になっていることに関連した場所を選んでみましょう。そして、現地では子どもが好きなものについて、たくさん教えてもらうのです。**大好きなママ・パパに自分が好きなものを教えてあげることで、子どもは嬉しく、幸せな気持ちになります。好きなものをもっと追究したいという気持ちも湧いてくるでしょう。**

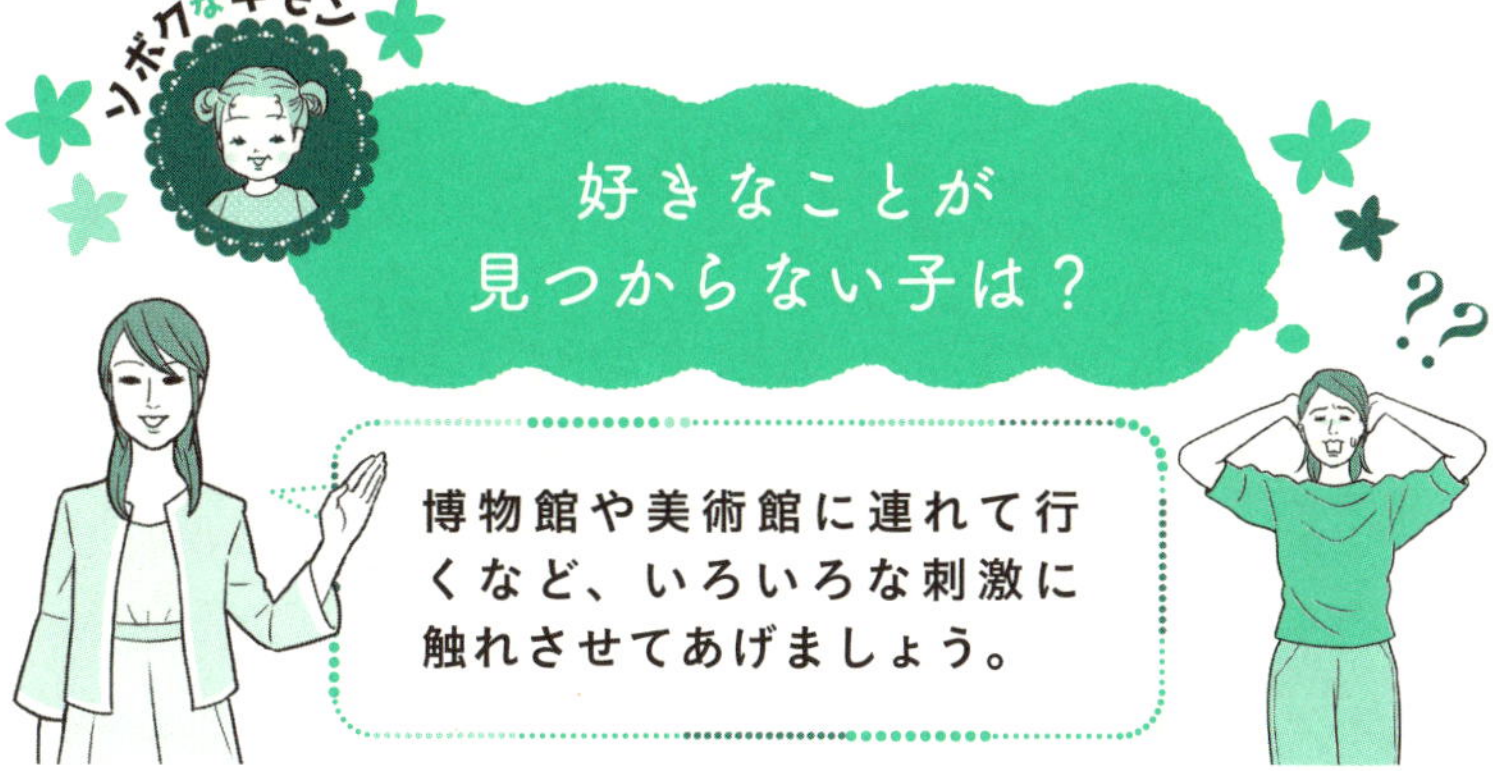
ソボクなギモン
好きなことが
見つからない子は?
??

博物館や美術館に連れて行くなど、いろいろな刺激に触れさせてあげましょう。

小学生になったら“秘密の勉強スペース”で、自分から勉強する子に育つ

無理やり勉強させるのはダメ？

子どもが「やらされ感」を得てしまうのでNG。フローに入りにくくなります。

「フロー状態」という言葉を聞いたことはありますか？　フローとは、トップアスリートたちが集中力を限界まで発揮して、競技に没頭するような意識状態のこと。このフローに入っている状態では、まわりの風景や音といったものは消え、感覚が研ぎ澄まされた状態になって能力をフルに発揮できるのだそう。テレビを見ていて、競技を終えたアスリートがインタビューに答えて「無我の境地だった」「苦痛も感じなかった」と表現することがありますが、これこそフロー状態の特徴といえるでしょう。

これは、何もアスリートだけが経験するものではありません。**フローというのは自分が思い通りにできる範囲で、脳がハイパフォーマンスで動くことを指します。**つまり、

子どもが勉強するときにも「フロー状態に入る」ことがある

ということ！　テレビやマンガ、窓の外の風景などの誘惑に心を乱

ゲームはどんなソフトを与えるべき？

教育ソフトもありますが、まずは子どもと一緒に選ぶのがいいでしょう。

されず、我を忘れて勉強に没頭する……。そんな状態になってくれたら親としてはとても嬉しいものですが、実際にはどのようにすれば可能になるのでしょうか。

いわゆるフロー状態は、手の届く範囲で起こります。広い場所は向きません。ですから、これから勉強が本格的にスタートしたら**小さいものでも子ども専用の勉強机を与え、ひとりで勉強するスペースを作ってあげることがベスト**です。「あなた専用の場所よ」などと言ってあげれば、喜んで勉強する子も多いでしょう。また、フローに入るには正しい姿勢をキープすることも重要な要素です。背中を丸めたり、椅子からずり落ちるような姿勢をとっていないか、チェックしてあげるといいでしょう。

ところで**「フローに入る」と同じように物事に没頭する姿といえば、ゲームに没頭する子どもの姿を連想する人も多いのではないでしょうか？**「ゲームをしすぎるとキレやすい子に育つ」「勉強時間が減って成績も悪くなる」という説は根強く、心配する親というの

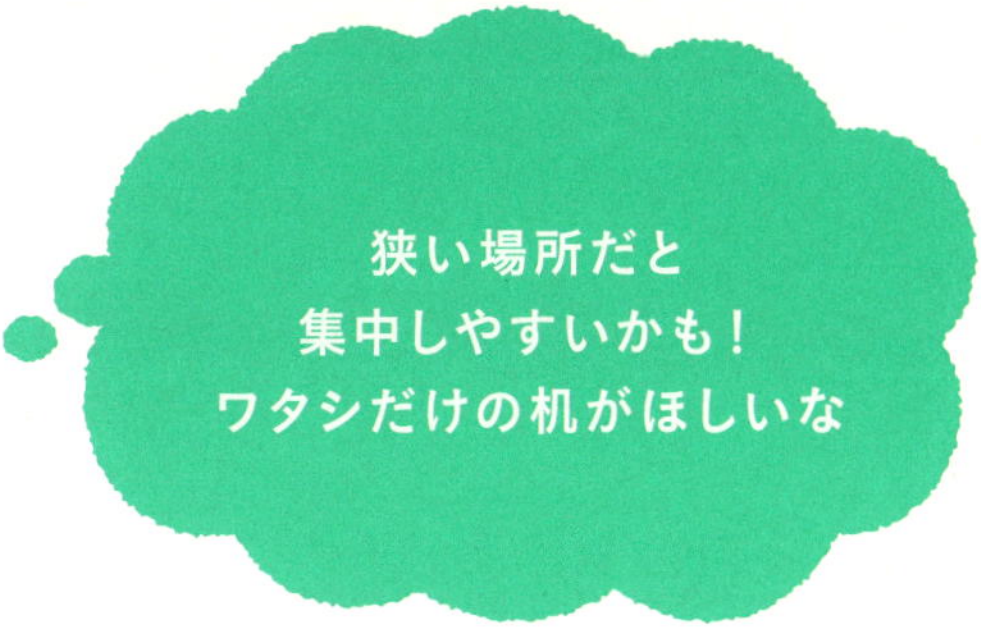
狭い場所だと
集中しやすいかも！
ワタシだけの机がほしいな

深く集中するための環境を整えてあげましょう

はたくさんいます。中にはご自身が没頭しすぎてテストで失敗したなどという経験を持つママやパパもいるかもしれません。

ただ、

ゲームが学力低下につながるというのは、現代的でない考えです。

もちろんゲームのしすぎはよくないことに変わりはありませんが、子どもの年齢に合ったものを与えて適度なプレイ時間を守れば問題はないでしょう。やりすぎは禁物にせよ、**勉強前にゲームをすると集中力や記憶力が上がることもあります。**

そのゲームの何がおもしろいのかを親子で一緒に考えれば、ゆくゆくはＩＴへの興味につながり、先端技術開発に関心を向けるかもしれません。現に、ＩＴ業界の天才と呼ばれる人たちの中には、子どもの頃にゲームっ子だった人も少なくないそうです。ゲームをうまく活用して、子どもとのコミュニケーションを増やしていきましょう。

10歳までに習い事を始めると、ルールを守れる子に育つ

8歳になると子どもの得意不得意や興味の方向性も見えてきて、新たな習い事にチャレンジしようという話も出てくるかもしれません。「サッカー選手になりたい！」「ダンスをやりたい！」など、子どもの夢も視野に入れた習い事は楽しいものですね。特にスポーツ関連のものは、

習い事を通して、人間関係などのルール学習ができます。

ちょっぴり話が横道にそれますが、中高生で非行に走って家庭裁判所に行く子の中には、小学生時代に「友達との遊び」を経験していない子が非常に多いのだそうです。秘密基地を作ったり、探検をしたりといった**グループでする遊びでは、友達とうまくやっていくための気づかいや我慢が必要。自然に人間関係のルールを身につけることになるのです。**それを経験しないで成長すると、ちょっと嫌なことがあるとすぐにキレて問題を起こしてしまう、ということに

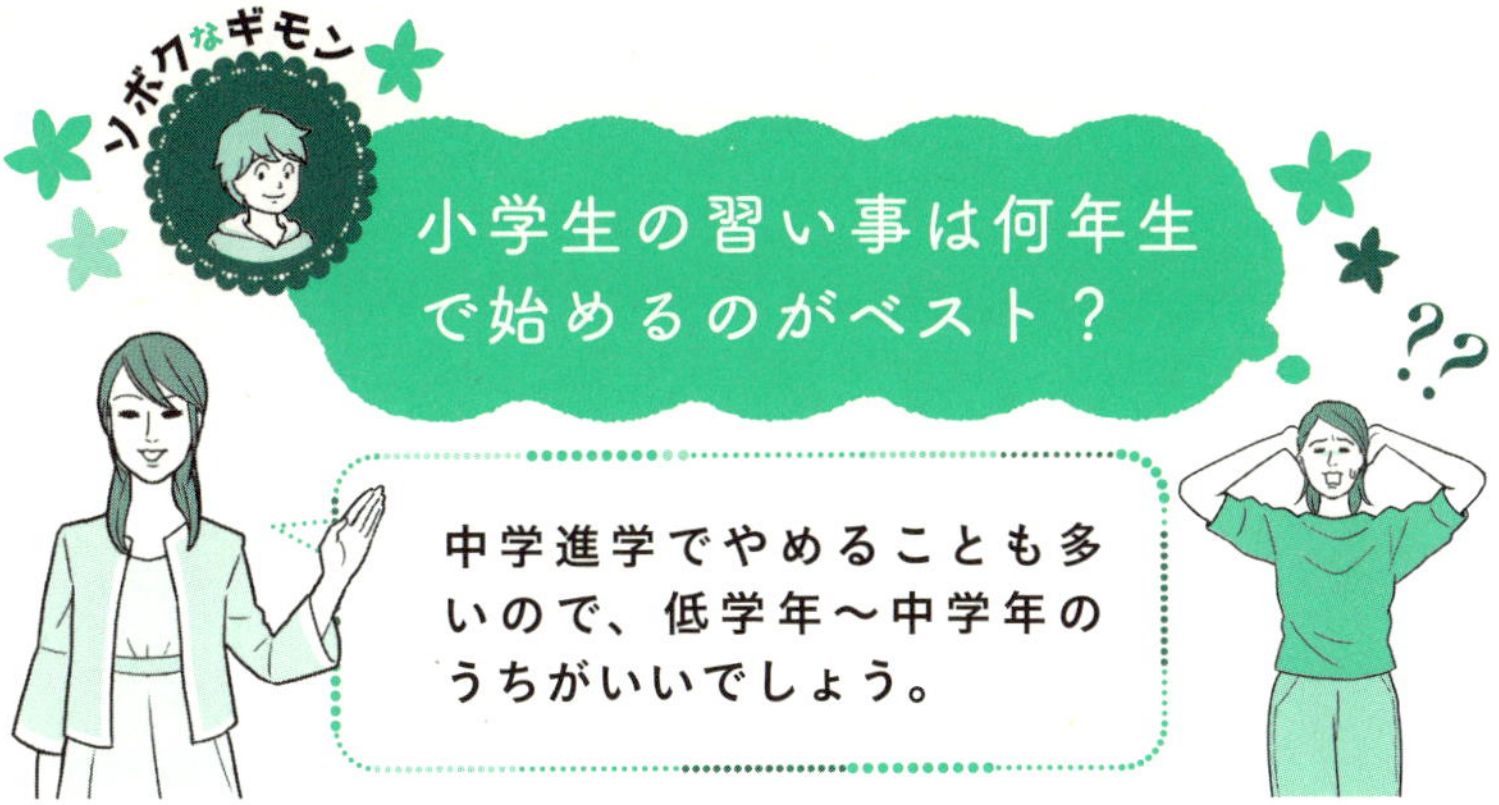
ソボクなギモン
小学生の習い事は何年生で始めるのがベスト？
中学進学でやめることも多いので、低学年〜中学年のうちがいいでしょう。

なりかねません。

スポーツなどの習い事は、人間関係や自分を抑制することなどのルールを厳しく教え込まれます。子ども同士で自然に身につけるのもよいかと思いますが、10歳までに体験しておくことは、子どもにとって大きなプラスとなることでしょう。

習い事はできれば5年ほど続けることが理想的です。

ある程度の力がつくので趣味や特技になりやすいですし、子ども自身も「頑張って続けた」ことが大きな自信につながります。

ただ最近問題になっているのが、子どもの能力アップにかける思いが強すぎてクレームをつける、いわゆるモンスターペアレンツ。そうなると、子どももルール学習どころではありません。親としてはあくまで「自分では教えられないから、先生にお願いする」というスタンスを忘れず、子どもの成長を応援してあげましょう。

「地球はなぜ青い?」と問いかけてあげると、楽しく思考力を伸ばせる

子どもの「なぜ」に答えきれないときは？

図鑑やインターネットなどを使って、調べるクセをつけてあげましょう。

子どもがたくさんのことを学校で勉強してくる8歳。家庭でも、親が積極的に関わりを持つことで、子どもの考える力、想像する力をグングン伸ばすことができます。宿題をやらせる時間だけを家庭学習の時間と思わず、身の回りのあらゆることを教材に学ぶ機会を作ってあげましょう。たとえば、テレビを見ているときや本を読んでいるときなどに、

「これはなぜだと思う？」という問いかけをしましょう。

質問の材料は、身近にたくさんあります。たとえば、「なぜ月は丸くなったり細くなったりすると思う？」「なぜ朝は明るいと思う？」など、ママやパパの得意分野でも、子どもが興味を持っていることでもいいでしょう。こうした**問いかけを常にしてあげることで、子どもは新しいことに興味を持ったり、不思議がったりします。決して正解ではなくても、自分なりに考えたり調べたりして答えを**

リボクなギモン

失敗すると人のせいにする子は？

失敗を責めないこと。失敗の対処法を教え、一緒にやってあげましょう。

出すことで考える楽しさを知り、その力をつけていくのです。「ママとパパはどっちが偉いの？」「なんのために勉強をするの？」など、はっきりとした答えのない問いをじっくり話していくのもいいかもしれません。考えずに暗記ばかりをさせるような、いわゆる〝詰め込み型の教育〟で覚えたことは、すぐに忘れてしまいやすいもの。でも、自分の頭で考えたことは決して忘れません。ぜひ、子どもに考える楽しさと力を教えてあげましょう。

　好奇心を伸ばすうえで、質問と同じくらい効果があるのが、学んだことを実際に体験させてあげることです。たとえば、恐竜について学んだら、博物館で恐竜の模型を見せてあげる。稲作について学んだら、田んぼを見に連れて行ったりバケツで稲を育てたりと、

バーチャルとリアルをつなげると、子どもの脳は成長します。

本で読んだ情報がどんどん自分のものになって、ものを知ること

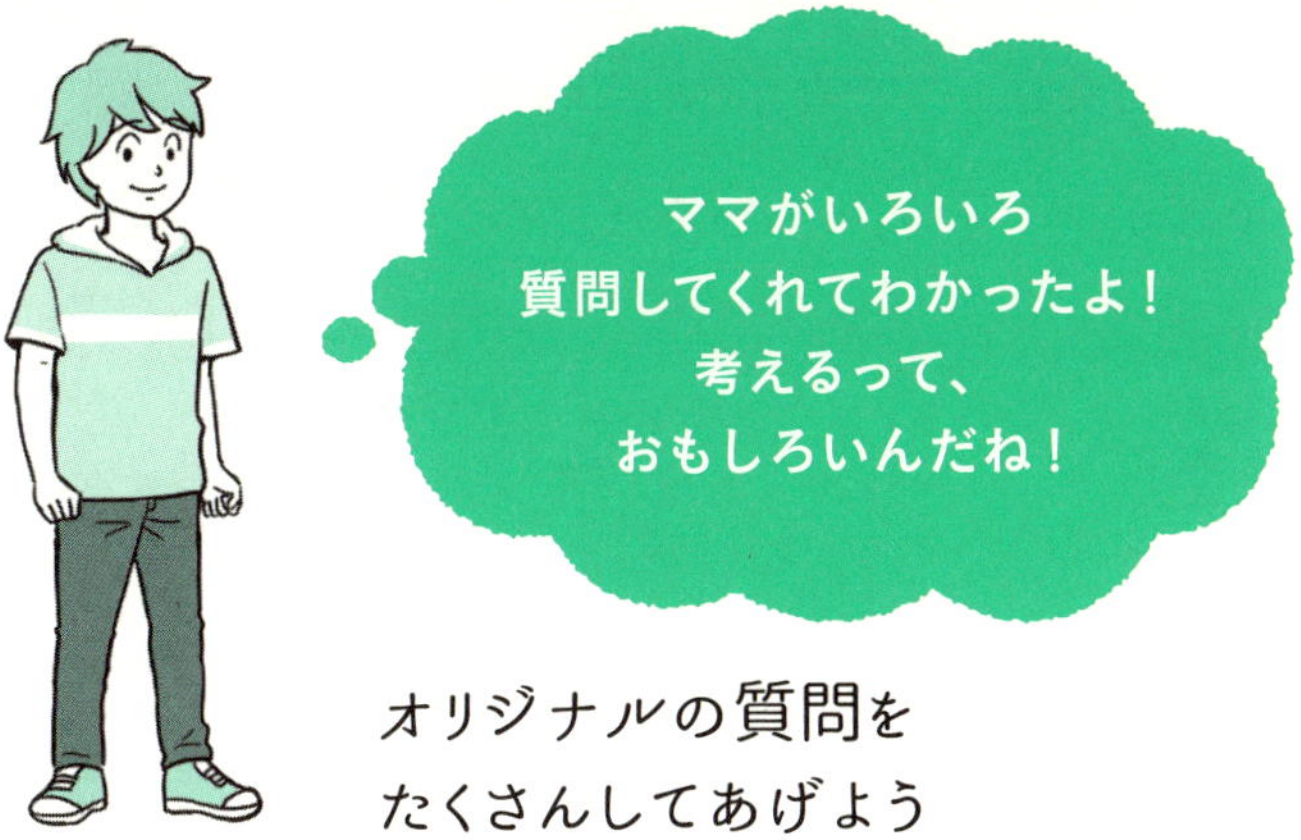
ママがいろいろ
質問してくれてわかったよ！
考えるって、
おもしろいんだね！

オリジナルの質問をたくさんしてあげよう

が楽しくなるのです。

星に興味を持ったなら、天体望遠鏡で月や土星の実物を見せてあげるといいでしょう。日食や月食も絶好のチャンスです。「わあ、すごいね！　手が届きそう！」などとワクワクすることで興味を持てれば、理科の授業で天体のしくみが出てきてもスイスイ頭に入ってくることでしょう。好きなことであれば、人は頑張れるもの。テスト勉強だって「頑張る」という意識すらなく、クリアできるかもしれません。

子どもが「自分でやってみたい！」と言い出したら、どんどんやらせてあげましょう。たとえば、料理などは時間もかかるし汚されて大変と思うかもしれませんが、どんどん手伝わせてあげたいところ。材料をこぼしてしまったら「こういうときはどうしたらいいと思う？」という質問をし、失敗してしまったら「どこが違ったんだと思う？」といった質問をして、考えさせてあげましょう。そうすることで、自然と考える力を伸ばすことができます。

漢字学習で達成感を与えてあげれば、コツコツ努力できる子になる

我慢するのはつらいものです。ママだって、できれば我慢なんてしないで楽をして暮らしたいというのがホンネでしょう。でも、子どものうちは忍耐を覚えることもとても大切。忍耐を乗り越えたという達成感があれば、このあと何度も訪れる人生の苦境で「あのとき頑張れたのだから、きっとこれからも大丈夫だろう」と思って耐えられるようになるのです。

忍耐と達成感を育てるためには漢字を勉強させるのが効果的です。

算数の思考力問題などは努力だけではどうにもなりませんので、努力を育てるために使ってしまうと勉強嫌いになる恐れもあります。でも、漢字は頑張れば必ずできるのです。もちろん、子どもによってかかる時間は違います。でも10回書いて覚えられなければ、20回書けばいいのです。やれば必ずできるのが漢字です。忍耐の基礎訓練と思って、ぜひ子どもに頑張らせてみましょう。

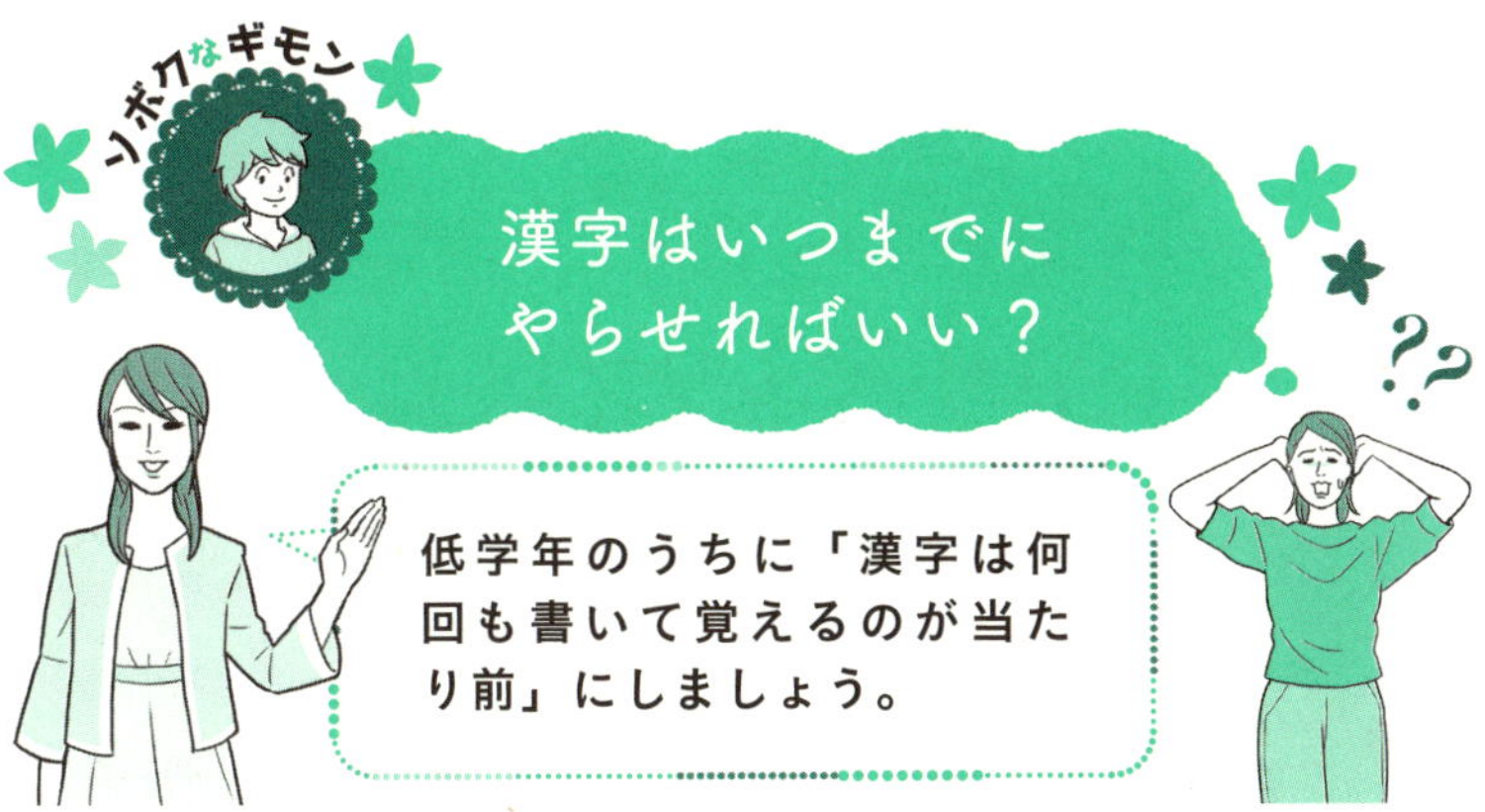
リボクなギモン
漢字はいつまでにやらせればいい？
??
低学年のうちに「漢字は何回も書いて覚えるのが当たり前」にしましょう。

子どものケンカをあえて見守ると、自分の意見をはっきり言える子になる

男の子が友達と取っ組み合いの大ゲンカ。ママとしては心配になる気持ちもあるでしょうが、それらから遠ざけようとしすぎないほうがいいのです。もちろんケガをするような場合は止めるのがベターですが、あまりに人との衝突を避け、安全地帯に置いておくことは、逆に健全とはいえないのです。

子どもは人にもまれることで、人間の幅が広がっていきます。

もともと、**男の子はオスとして人と張り合うのが自然なこと。そして、夢中で人と争うことで人間慣れし、自分の意見がはっきり言えるようになります。**そのベースにあるのは「自分は乗り越えられる」「自分はどんな状況でも社会と渡り合っていけるんだ」という分厚い自信。それは「ママに愛されているんだ」という自信だけでは身につかないものですから、ぜひとも見守る余裕を持ってみてはいかがでしょうか。

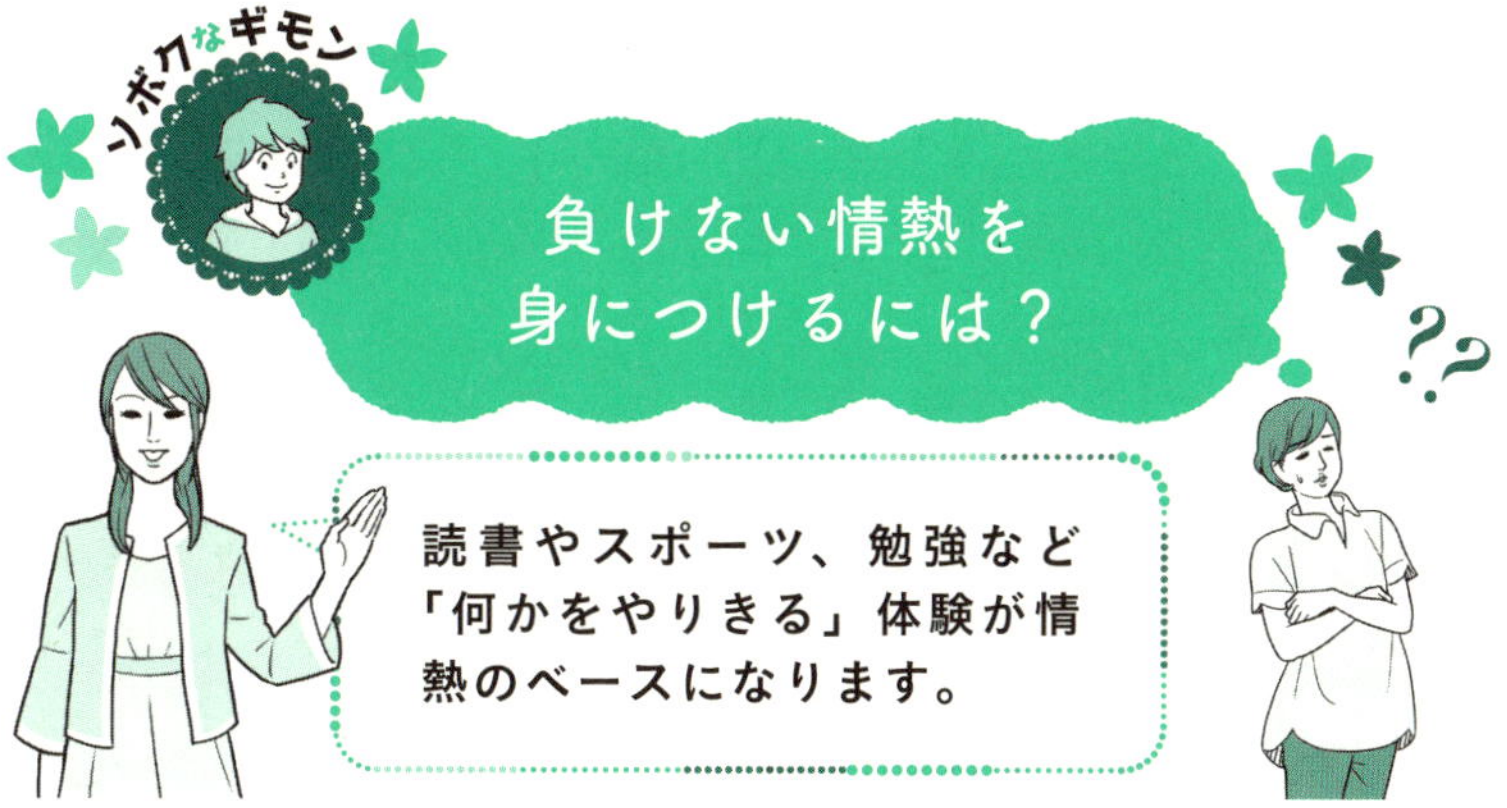
ソボクなギモン
負けない情熱を身につけるには？
読書やスポーツ、勉強など「何かをやりきる」体験が情熱のベースになります。

子どもをバイリンガルにさせたいなら、8～10歳から英語教育を始めてみる

世界をまたにかけて働く人がますます増えています。日本企業であっても、同僚が外国人というケースも多くなってきました。これからの時代は英語が話せて当たり前と言われているなか、学生時代に英語で苦労したママ・パパは少しでも早いうちから英語教育を、と考える人も多いようです。

ただ、**0歳から英語になじませていくような「超早期教育」というのは懐疑的な見方をする人も少なくありません。**確かに英会話はできるようになる子が多いものの、かけたコストと成果が見合っているのかどうかは評価が分かれるようです。さらには、

超早期教育で英語を教えると、未熟な脳に負担をかけるという説も。

まだ言語を獲得する前の脳に英語を教え込むことでストレスをかけ、逆に成長を阻害してしまう可能性があるのだそう。それよりも、この時期は音楽や運動能力を伸ばすことに力を入れたほうが、言語

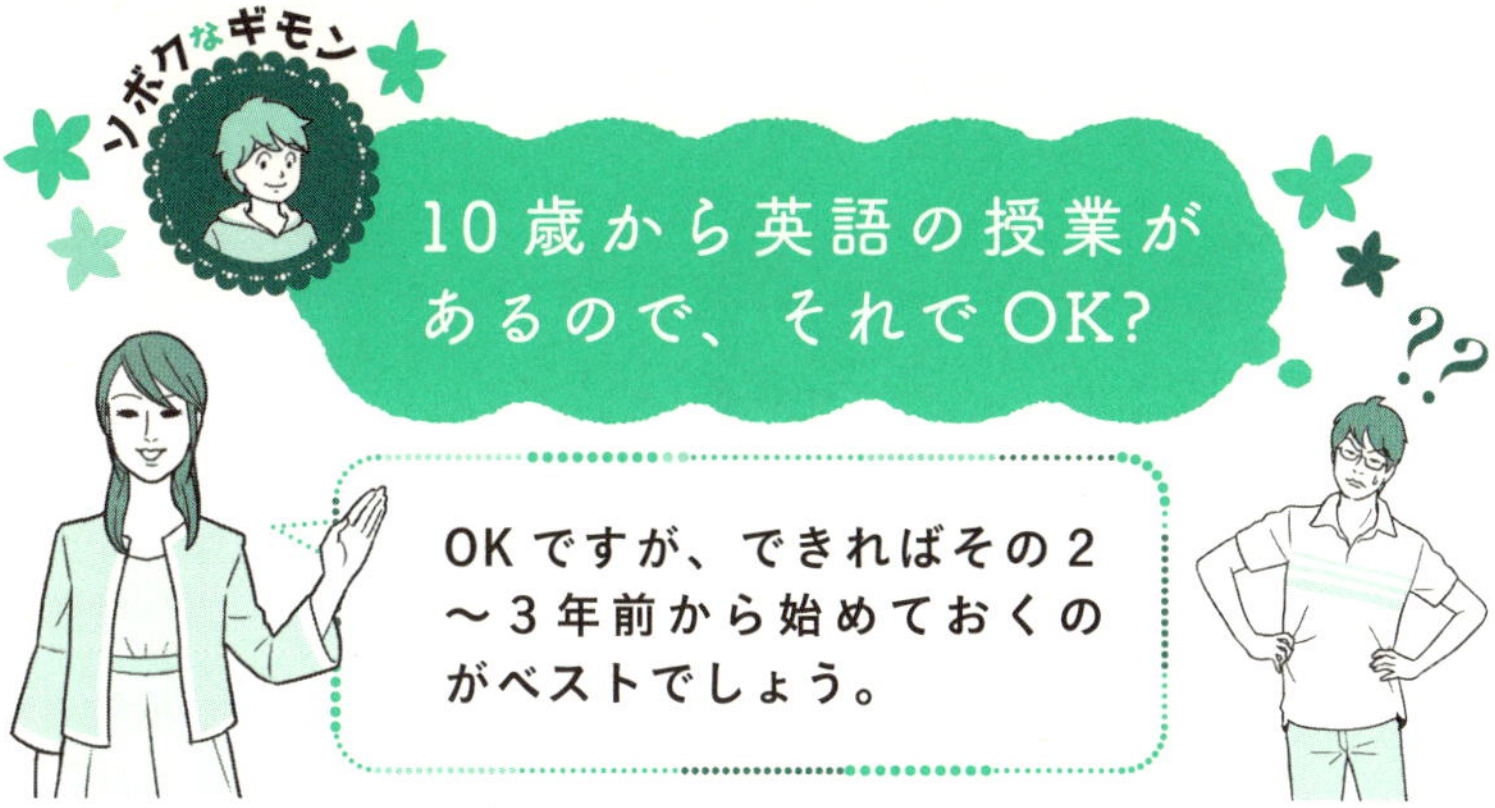
リボクなギモン
10歳から英語の授業があるので、それでOK?
??
OKですが、できればその2～3年前から始めておくのがベストでしょう。

能力を獲得しやすくなると言われています。

では、英語を学び始めるにはいつがベストなのでしょうか？　正解は、８～10歳。この時期、子どもは急に口が達者になって大人顔負けの話し方をしたり、目上の人には敬語が使えるようになったりします。理由は実に明快。

子どもの言語能力は8～10歳に発達のピークを迎えるのです。

当然ながら、**語学力の向上は日本語だけでなく、英語も同じ。努力だけでなく、発音や聞き取りといった能力が高い時期に英語学習をスタートすることが大事です。**それでこそ、効率よく英語が身につくと考えておきましょう。

特に伸ばしておきたいのは、リスニングやスピーキング。耳や口を使って、微妙な発音の違いを脳にしっかりと植えつけていくといいでしょう。

CHAPTER

4

9歳から10歳までに始めたい子育て習慣

チャレンジの花が咲けば、自立した子に育つことでしょう。

そして、自信の花が咲けば、幸せな子に育つことでしょう。

小学校高学年で身につけたい力の育み方、お教えします。素敵な１／２成人式を迎えられますように。

幸せな子に育つ

10歳からの

自信習慣

P148

自立した子に育つ

9歳からの

チャレンジ習慣

P132

子どもの「やりたい！」をやらせてあげれば、自分で決めて頑張る子になる

リボクなギモン

習い事を安易にやめさせてもいいの？

慎重な判断は必要です。努力不足や責任感については、親子で考えましょう。

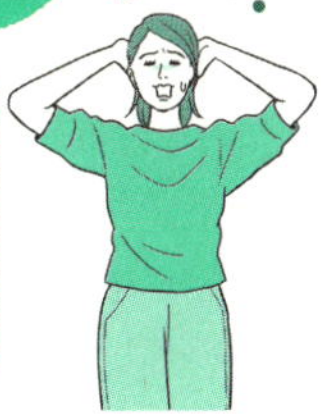

心理学者バウムリンド博士の研究によれば、**親の育て方は大きく分けて4つのタイプに分かれると言われています。**「独裁的子育て」は厳しく、ときに脅すなどして厳格なルールを子どもに課すタイプの親で、温かみはなく、命令に従うことをよしとします。「消極的子育て」は子どもをよくかわいがりますが、対立やルールづくりは避けたがります。「無関心な子育て」は最低限のものだけを与えて、極力子どもに関わらないようにするタイプです。**「民主的子育て」は、厳しいながらも温かく、子どもとしっかり関わり、罰ではなく教えることによって子どもの成長をうながします。**

「民主的子育て」は大変ですが子どもの自主性や社会性を育みます。

「独裁的子育て」の親の下では、子どもは行儀がいいものの、自制心がなく善悪の判断ができない子になりがちです。「消極的子育て」の育て方をされた子は、衝動的でトラブルに巻き込まれやすく、ま

普段からできる自主性アップ法は？

小さなことでも、目標を自分で決めさせましょう。目標もなしに努力はできません。

た依存しやすい傾向があります。「無関心な子育て」の場合は言うまでもなく、非行に走りやすいという特徴があります。子どもとしっかり関わりながら期待をし、「怒っていることを伝えたいときは、どうしたらいいと思う？」といった声がけをしていく**「民主的子育て」は、ほかの3つに比べれば時間も手間も、また子どもの成長を待つ忍耐力も必要です。**決して楽ではありませんが、親の育て方は子どもに大きな影響を与えるからこそ、身近にロールモデルを探すなどして頑張っていきたいものです。

「民主的子育て」をいくつか具体的にご紹介しましょう。たとえば、習い事であれば、親が勝手に決めて習わせるのは民主的ではありません。〝やらされている感〟があると子どもは本気で取り組みませんから、時間とお金の無駄になってしまうこともあります。それを防ぐためにも、「何の習い事をするか」「この習い事を続けるか、やめるか」といったことは子どもと一緒に決めていきましょう。

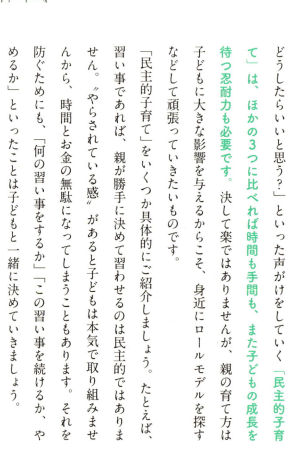

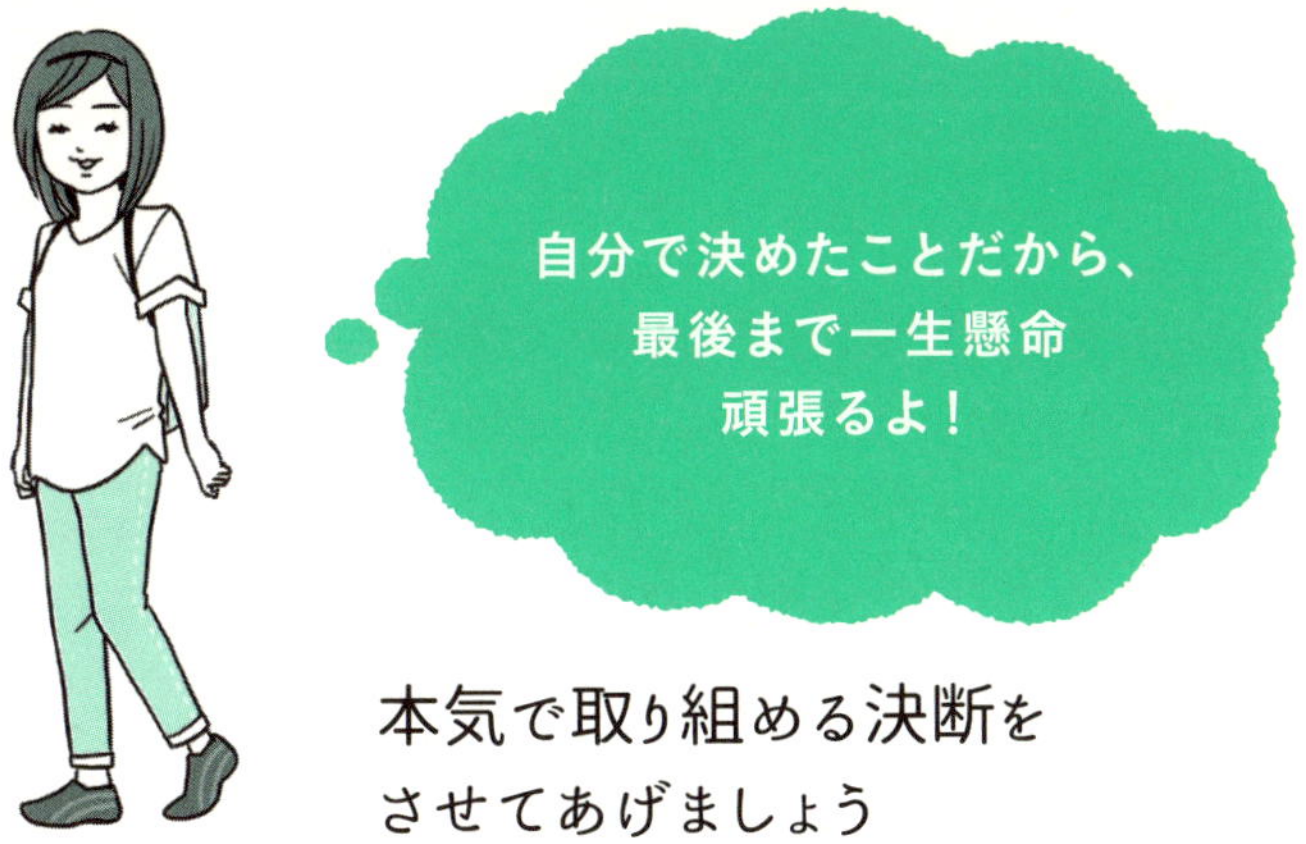
自分で決めたことだから、
最後まで一生懸命
頑張るよ！

本気で取り組める決断を
させてあげましょう

子どもを信じて大胆に決断を任せることが大事なのです。

進路などは特に重要で、本人にやる気がないのに親のエゴを押しつけてしまうようなことは避けましょう。子どもの未来を潰してしまうようなことにもなりかねません。

ただし、子どもを信じて見守る「尊重」と、ただ丸投げするだけの「放任」の違いは、しっかりと踏まえておく必要があります。子どもの自主性に任せる、選択させるといっても、人生経験も知識も未熟な子が何もかもをひとりで決められるはずがありません。**親がしっかりとサポートしてこその「尊重」が大切なのです。**

習い事であれば、子どもの個性に合わせた選択肢を示して選ばせる。将来については、具体的な職種の押しつけはせず「人の役に立つ仕事をしてほしい」「夢は大きく持とう」などと方向性を示す。これらは、年齢を問わずいつでも話してあげるといいでしょう。

子どもが失敗したら「後始末」をさせると、責任感のある子に育つ

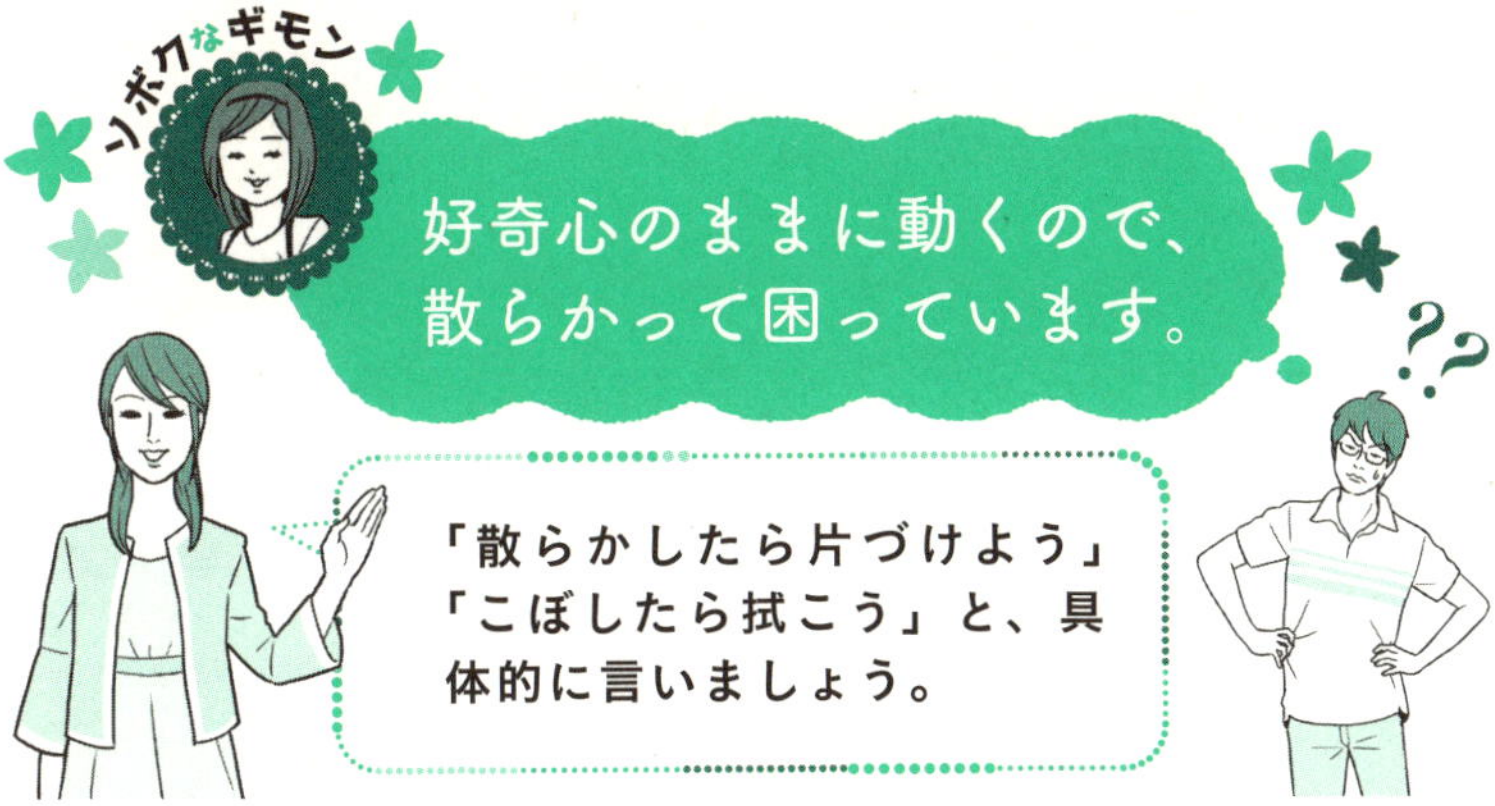
ソボクなギモン
好奇心のままに動くので、散らかって困っています。
??
「散らかしたら片づけよう」「こぼしたら拭こう」と、具体的に言いましょう。

子どもが「やりたい！」と言ったことは、できるだけやらせてあげましょう。たとえば、汚れるのも構わず泥まみれで遊んでくるような男の子の場合は、「泥まみれになってもいいから、靴は自分で洗ってね」というふうに後始末を自分でさせるようにします。もちろん子どもの手ですべてきれいにはできず、ママが手伝うことにはなるでしょう。それでも、自分から洗うようになったり、できるだけ汚さないようにしたりと、子どもの行動は変わってくるはずです。

自分の行動に責任感が持てると、子どもは工夫や気づかいを学びます。

自分で後始末をすることが身についてくれば、ママ自身も子どもの「やりたい！」を全力で応援できるようにもなるでしょう。

ただ、**子どもが自分から言って始めたことでも、途中で飽きてしまったり、だらけて続かなかったりして「やめたい」と言ったときは、それなりにきちんと向き合わせる必要があります。**

子どもの本気度を確かめるには？

なぜやりたいのか、それでなければいけないのか、子どもに質問しましょう。

習い事をさせるならば、まずは子どもの真剣度をしっかり見極めること。子どもが強い意思を見せないのであれば、お金は絶対に出さないというくらいの覚悟が必要です。

子どもが実際に習い事を始めたなら、全力で応援してあげてください。ただ、励ますだけでいいというわけではありません。**応援すべきなのは「真剣に取り組む姿」。ダラダラと怠けているようなときは、全力で叱りましょう。**

簡単にはやめさせないことも大事です。怠けることについても同様ですが、怠けグセや挫折グセがついてしまうと、今後の人生においても何もかも中途半端になりやすいのです。自信もつかず「自分はどうせダメな存在だ」などと間違った思い込みを持たせては、なんのために習い事をさせたのかわからなくなってしまいます。

その習い事がまだ基礎段階であれば、基礎が身につくまでは頑張らせましょう。基礎ができるようになればおもしろくなり、続けられることも多いものです。ある程度は続けたという自信もつきます。

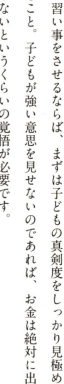

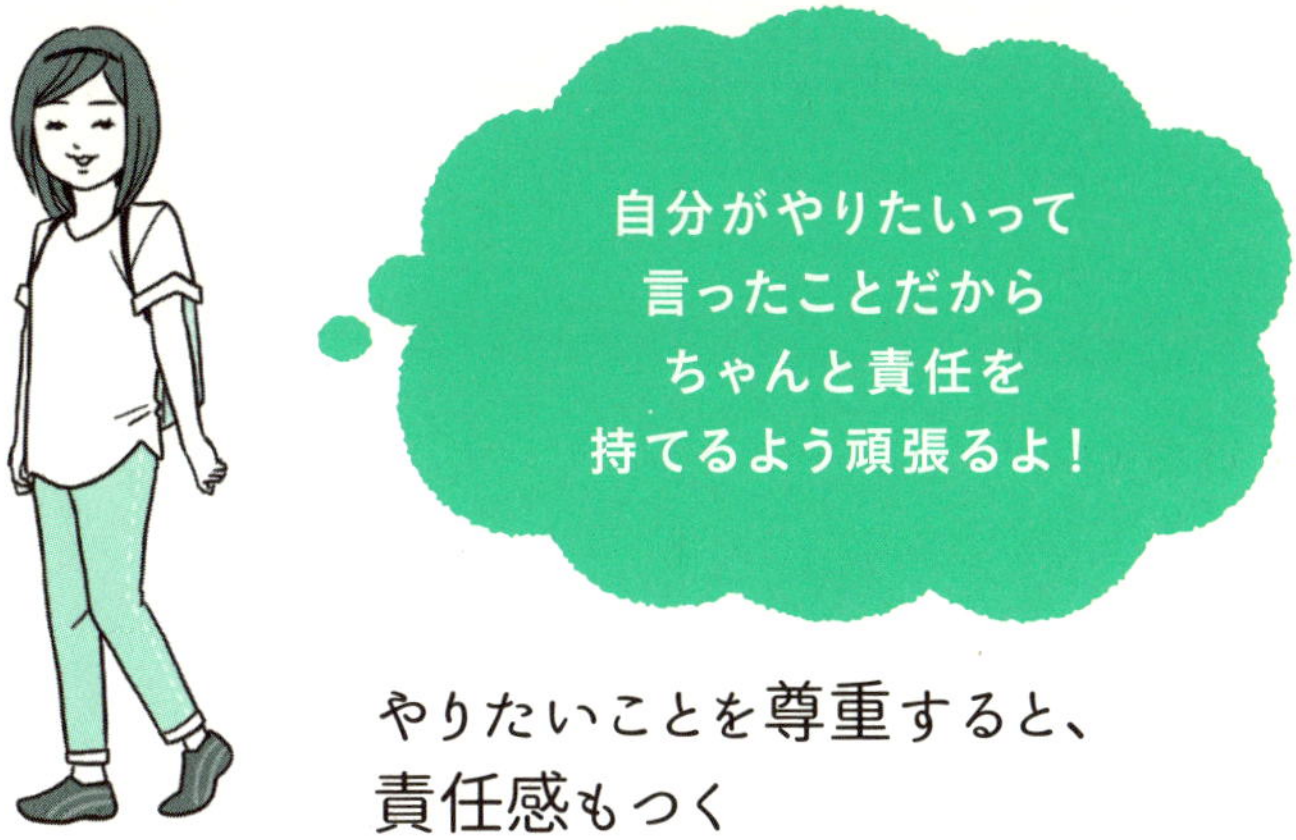
自分がやりたいって
言ったことだから
ちゃんと責任を
持てるよう頑張るよ！

やりたいことを尊重すると、
責任感もつく

基礎だけでなく、子どもに「○○までできたらやめる」という目標を決めさせるのもいい選択です。これもひとつの「後始末」ですね。

せっかく何かにチャレンジしても、失敗してしまうこともあるかもしれません。こうしたときは、

失敗を叱るのではなく、原因を一緒に考えるようにしましょう。

誰だって失敗するのは当たり前のことです。いくら子どもの努力不足のように見えたからといって、そこで延々と怒っていては、子どもも「次は頑張ろう」と思うどころか、失敗や不都合を解決するのではなく、隠すのに必死な子になってしまいます。

失敗は決して、無意味なわけではありません。それを経験することで対処法や乗り越え方を学んでいくことができるのです。自分のことは自分で後始末させるということを基本に、一緒に向き合っていきましょう。

子どもの目標を応援して“やってる感”を味わわせれば、チャレンジ精神旺盛になる

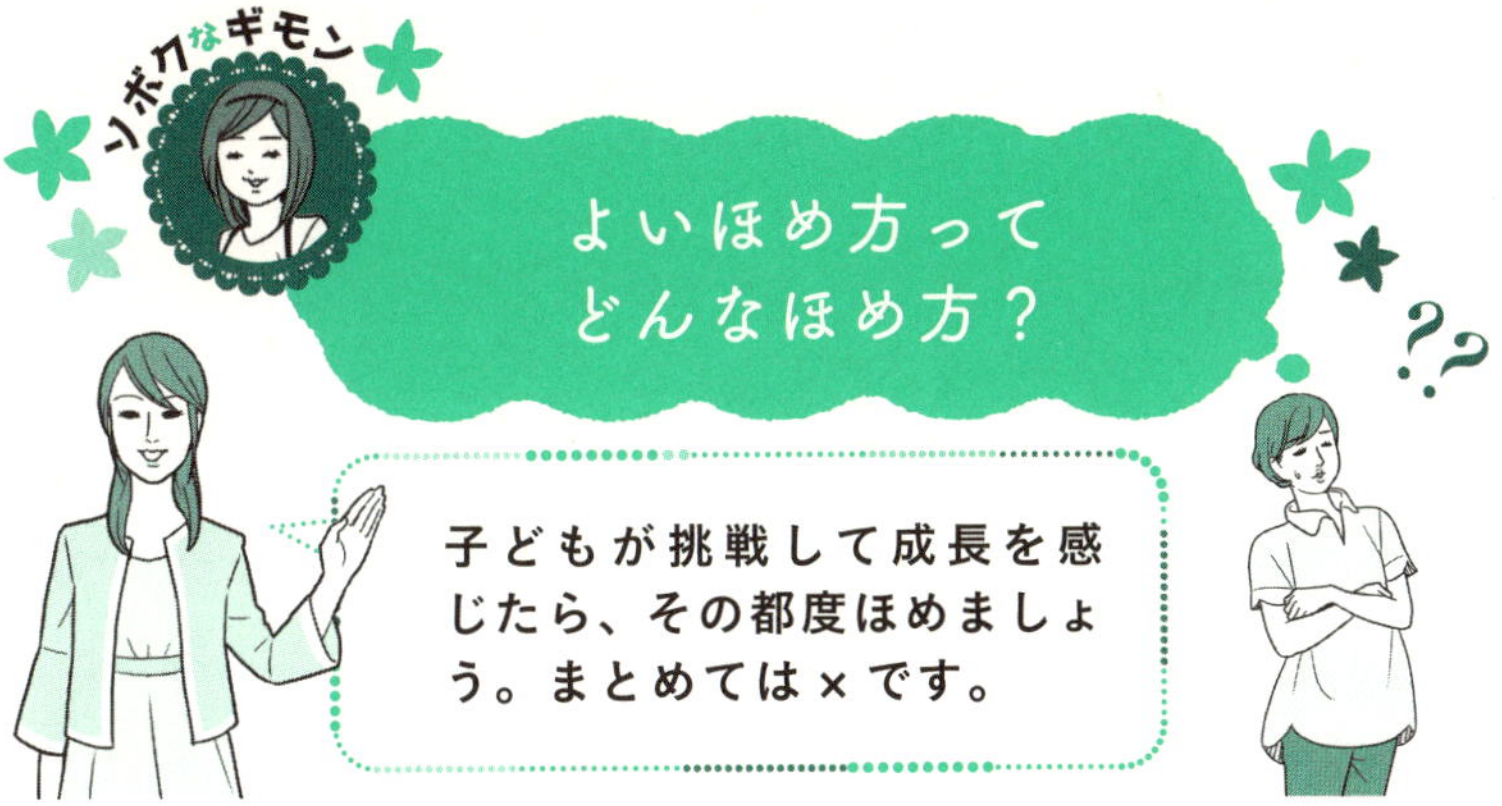

よいほめ方ってどんなほめ方？

子どもが挑戦して成長を感じたら、その都度ほめましょう。まとめては×です。

子どものやる気やチャレンジ精神を引き出すためには、どうしたらよいと思いますか？　「〇〇ができたら××を買ってあげる」と約束することでしょうか。それとも、ママ・パパが厳しく叱咤激励すべきでしょうか。実はどちらも不正解で、**子どもを最もやる気にするのは、子どもが自分で「これをやる！」と目標を決めることです。**

「やらされている」感があると、子どもの向上心は育ちません。

習い事でも勉強でも同じですが、親があれしろこれしろと口うるさく言っても、子どもは受け身になるばかりで自主性も挑戦心もなかなか持つことができません。でも、自分でやると決めたことであれば「なんとかしてやり遂げよう」「親を説得しよう」という気持ちも生まれますので、放っておいても頑張れるようになりますし、集中力も格段に違ってくるのです。

受験など、目標に期限があってのんびりしていられない場合は、

ソボクなギモン

飽きっぽい子には、どうしたらいいですか？

達成すべき目標を、子どもに決めさせましょう。「言い出しっぺ」にするのです。

子どもとよく相談して目標を決めるのがベストでしょう。一からの自分の思いつきではなくとも、「自分が選んだ」と思えば子どもは粘り強く最後まで頑張り続けることができるはずです。

子どもが自分で決めたことをとことんやり抜くうえで欠かすことができないのが、親からの応援です。いろいろと経験を積み重ねてきた親から見ると、子どもが言い出した目標が無謀にしか思えないこともあるでしょう。ただ、頭ごなしに否定してしまうのは最もやってはいけないことです。たとえ最初は反対したとしても、子どもが責任感を持って頑張ったり、成果を出したりしている様子が見えるなら、じたばたせずに見守って応援してあげたほうがいいのです。

自分の見識はともかく、

子どもが親を超えていく その挑戦心を応援しましょう。

適度に期待をかけるのも子どもの挑戦心を維持することにつなが

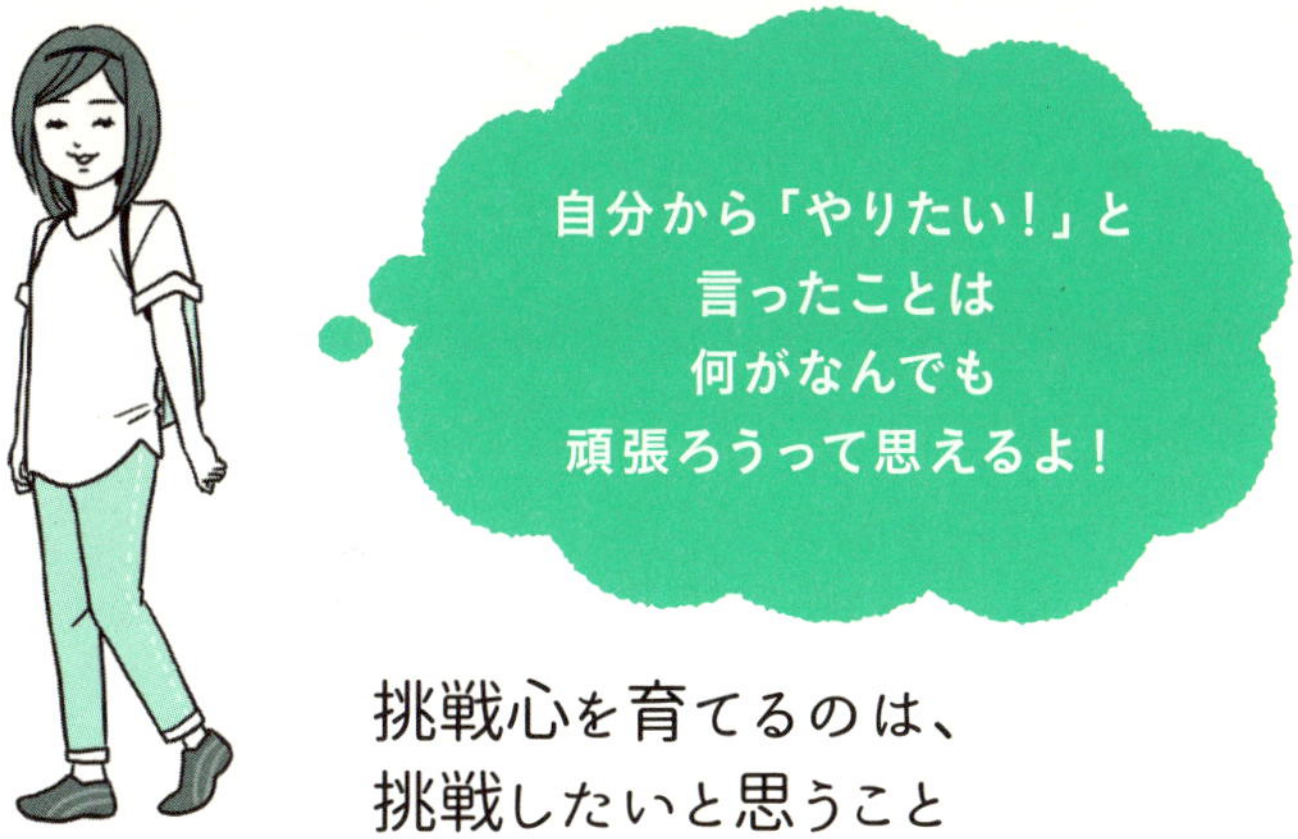
自分から「やりたい！」と
言ったことは
何がなんでも
頑張ろうって思えるよ！

挑戦心を育てるのは、挑戦したいと思うこと

ります。子どもが努力の末に達成できたことがあれば、ぜひ喜んだりほめたりしてあげましょう。たとえば、よい成績をとったときに親が自分のことのように喜んでくれたなら、子どもだって嬉しく、やりがいを感じるもの。「またママの期待に応えたい。だからもっと頑張ろう」という気持ちになれます。

ただ、あまりに期待をかけすぎるのも問題です。親の期待を裏切ることを怖がって頑張りすぎ、子どもらしい自由な時間を失ってしまう子もいます。**もっと問題なのは、仮に子どもが失敗したり、目標を達成できなかったりしたとき。**「ママに申し訳ない」という気持ちから再チャレンジを避けたり、親のせいにしたりと、親子の間に決定的な溝を作ってしまうこともあるのです。

ママやパパにも、学生時代に親から植えつけられた価値観や、「子どもが優秀だと鼻が高い」といった世間体もあるでしょう。でも、そうしたものからかける期待は子どもに大きな負担をかけてしまいます。期待は愛情によってかけること。それを心がけましょう。

女の子の「男を見る目」は、パパとのスキンシップで育まれる

子どもに何かを教えるとき、ママとパパで分担していますか？たとえば、生活面でのいろいろなことはママ、遊びや自然のことならパパ、などと一緒にいる時間や得意分野によって担当を分けている家庭は多いかもしれませんね。

心理学的には、ルールを与えるのはパパのほうが向いていると言われます。

たとえば、あいさつや起床時間など、「やるべきこと」や「毎日の秩序」については、パパが教えたほうがいいとされています。実は、さまざまなデータから**「パパが秩序感覚を教えない子は、無気力症になりやすい」**ことが明らかになっています。いろいろなことに無気力な子は、エネルギー不足のため反抗期が起きにくくなるのです。反抗期が起きないというのは、親としては一見よいことのように思えるかもしれませんが、必要な成長のステップを経験できないということでもあるのです。反抗するだけのエネルギーがないこ

ソボクなギモン
ママが教えたほうがいいこともありますか？
??
コミュニケーションや発想については、ママが向くと言われています。

とを将来的にも引きずる、仕事でも無気力な状態が続きかねないとされています。

また、女の子の場合はパパとのスキンシップが非常に大事である、という説もあります。

パパとスキンシップをとることで、男性を見極める目が身につくのです。

女の子が大きくなると、いい人だけが周囲に寄ってくるわけではありません。好ましくない人が周囲に現れることもあるでしょう。そんなとき、**パパとスキンシップを取っていた子は危険かどうかをしっかりと見極めることができると言われています。**

ほかにも、カナダ・ブリティッシュコロンビア大学の調査によると、パパが家事をする家庭の女の子は、将来的に高収入になる可能性が高くなるとのこと。家庭での夫婦の上下関係が、女の子の自立心に関わってくるようです。パパの影響は絶大、と言えます。

ママとパパで“アメとムチ”を分担してあげると、子どもの心が落ち着く

子どもが悪いことをしたとき、当然ながらママ・パパは子どもを叱ります。子どもの日常的な変化に気づきやすいママが叱るのがベターとされていますが、パパのほうがビシッと言いやすいということもあるでしょう。どちらにせよ、

叱る役割・フォローする役割は、夫婦の中で担当を決めておきましょう。

ママもパパもどちらも叱る側に回ったり、どちらも甘やかしてばかりいたりすると、子どもはどうしていいのかわからずに悩んでしまいます。**よいパターンは、たとえば、ママが叱る・パパがフォローする、というように担当を決めておくこと。**こうすると、子どもは逃げ場ができるため精神的に安定しやすくなると言われています。

なお、「叱る」と「怒る」はよく似ているようで別物。説明口調で冷静に伝えるのが「叱る」で、感情を爆発させるのが「怒る」です。ワガママを言われたり、疲れていたり、時間がなかったりするとど

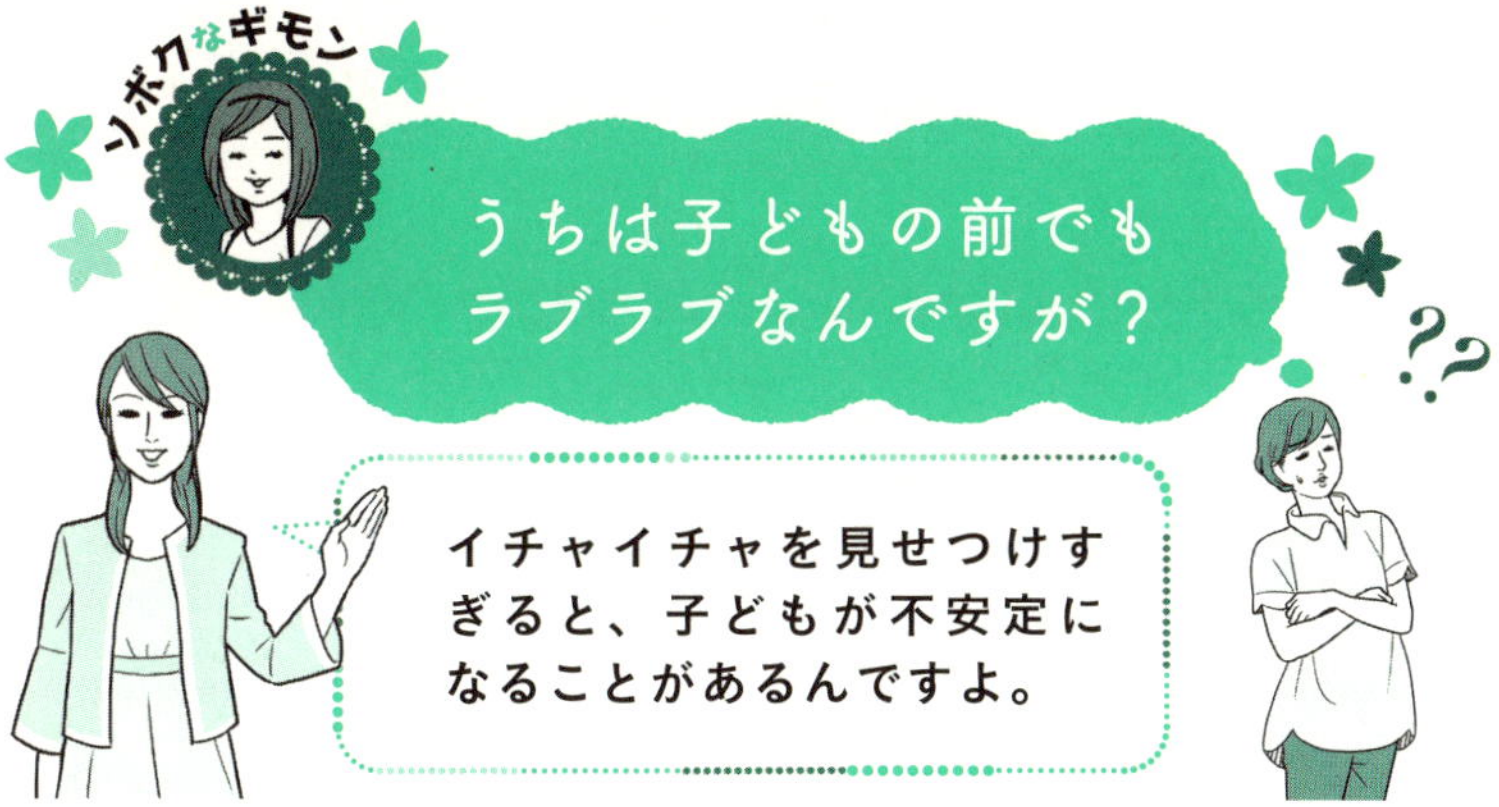
リボクなギモン
うちは子どもの前でもラブラブなんですが？
イチャイチャを見せつけすぎると、子どもが不安定になることがあるんですよ。

うしてもイライラしてしまうこともあるかもしれませんが、「怒る」では子どもは理解できません。それではせっかく子どもに注意しても、意味がありませんよね。**感情が高まったときほど理性的に、順序立てて説明することを意識するといいでしょう。**

ちなみに、「叱る」ことにおける夫婦の共同作業はまだあります。たとえば、予測できることについては、

パパが事前に注意してからママが叱ると効果的なのです。

親子で遊びに出かける予定があるとしましょう。子どもは楽しくてつい騒ぎすぎてしまい、ママが叱っても効き目がないなんてことも。社会性を教えるのは男性が向いています。ですから**お出かけの前日に、パパが冷静に「明日はお出かけだけど、騒ぐとみんなに迷惑だからやめようね」と説明するといいのです。**このワンステップがあると、たとえ叱ることになっても効果はバツグンです。

「これだけは負けない！」をひとつ伸ばしてあげれば、いじめられない子に育つ

子どもが「できない」と言ったら？

状況にもよりますが、基本的にできない理由探しはやめさせましょう。

小学生の子どもを持つママ・パパがぜひとも心がけたいのが、**子どもが「これだけは絶対に誰にも負けない」と思えるものを、ひとつでもいいので身につけさせること。それは勉強に直結することでなくてもいいのです。**たとえば、虫が好きな虫博士、電車が好きな電車博士、星座をいくつも知っている星博士。クラスで一番絵がうまい、ピアノといえば○○ちゃん、といった才能に関することでもいいでしょう。子ども同士でおしゃべりしているときに、

「○○ちゃんはすごいよね！」と言われるようなことを作るのです。

何かひとつでも極めたという達成感があれば自信がつきますし、「別のことでもきっと達成できるだろう」「頑張ればなんとかできるだろう」という明るい気持ちを持つことができます。

たとえば、ピアノが得意で合唱コンクールの伴奏をしたような経験があれば、次に「絶対間違えられない」という緊張感あふれる場

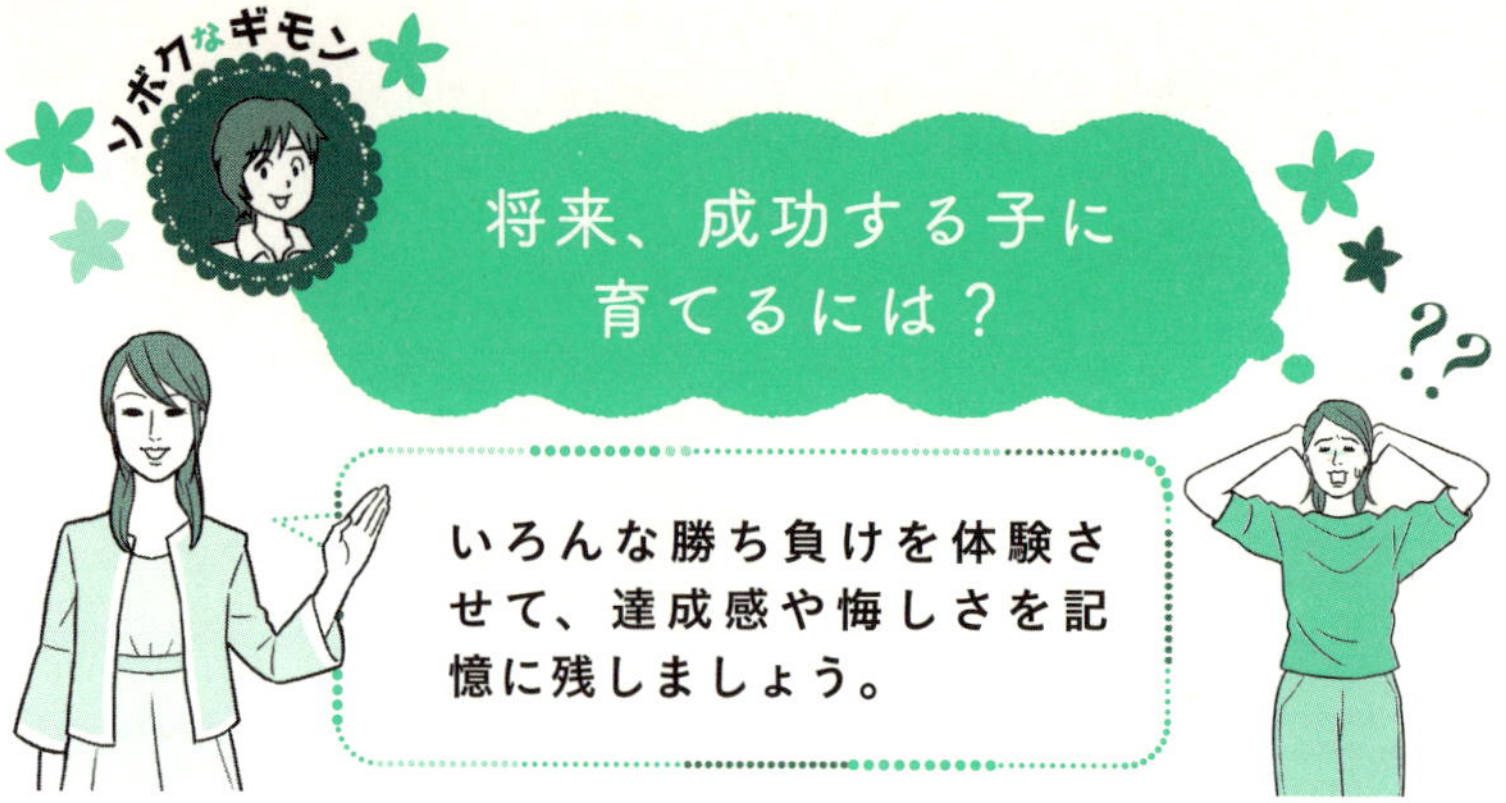

将来、成功する子に育てるには？

いろんな勝ち負けを体験させて、達成感や悔しさを記憶に残しましょう。

に出たときでも「あのとき大丈夫だったから、絶対やれる」と思うことができるのです。

脳のしくみから考えても「これだけは絶対に誰にも負けない」というものがある子は強い、ということがわかっています。**何かに集中して取り組むと、脳は刺激され、活発になってほかのさまざまな才能もアップしやすくなります。**虫が好きで四六時中、昆虫図鑑ばかり見ているうちに、知らず知らず言葉の能力もアップしていた……なんてことが起こりうるのです。優れた能力につられるようにして、ほかの能力も引っ張り上げられるというわけです。

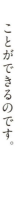

何かに夢中になればなるほどいろいろな才能が伸びます。

実は、勉強でも同じこと。苦手分野があると、ついつい子どもが好きな得意分野は放っておいて、苦手分野の克服を急ごうとするママ・パパは多いのですが、それは熱心なようでいて逆効果。子ども

ボクは虫博士。
虫には誰よりも詳しいんだ。
何を聞いても答えられるよ！

誇れることがあると、子どもは伸びます

の好奇心を奪ってしまい、勉強嫌いにしてしまう可能性もあります。

それよりも、得意分野を徹底的に頑張らせて「国語だけは誰よりもできる！」「算数はクラスで一番！」としたほうが、ほかの科目も伸びやすくなるでしょう。

また、**ひとつのことに没頭することで、子どもは「こんなふうに努力すればうまくいく」「極めるコツ」を身につけています。**本人は楽しいためあまり気づいていないことも多いのですが、好きだからこそ「頑張っている」という感覚のないまま、多大な労力と時間をつぎ込むことができるのです。そうした自分なりのノウハウをほかのことにおいても適用すれば、今後別のチャレンジをしても早くできるようになるのは言うまでもないでしょう。

積み上げた努力は、すぐには結果が出ないこともあるにせよ、確実に能力に反映されてきます。努力を努力とも感じず、なんでもチャレンジできる子になるためにも、ぜひ「これだけは絶対に誰にも負けない」というものを、親子で追っていきましょう。

“誰か”じゃなくて“昨日のわが子”と比べてあげれば、前向きな子に育つ

集中力が全くない子。どうしたらいい？

短時間でも毎日時間を決め、勉強することを習慣にしましょう。

どんなママ・パパもわが子は世界中で一番大切なはず。でも、幼稚園や小学校、習い事、親戚同士など**いろいろな子と一緒に育てていく中で、どうしてもまわりの子との差が気になることはあるでしょう。**きょうだい間であれば「お姉ちゃんは○○なのにこの子は××」、「弟のほうがよく気がつく」といった具合。学校であれば「みんなおとなしく机に向かえるのに、ウチの子は気が散ってばかり」といった具合です。でも、ほかの子が気になってしまったときほど、ママ・パパはそんな発想にストップをかけましょう。

大切なのは、

その子なりの成長を、誰かと比較せずに認めてあげること。

とはいえ、まわりの子よりも手がかかったり、苦労してばかりだと「私の育て方が間違っているのかも……」と心配になってしまうこともありますよね。でも、**ママが「手がかかる」と感じてしまっ**

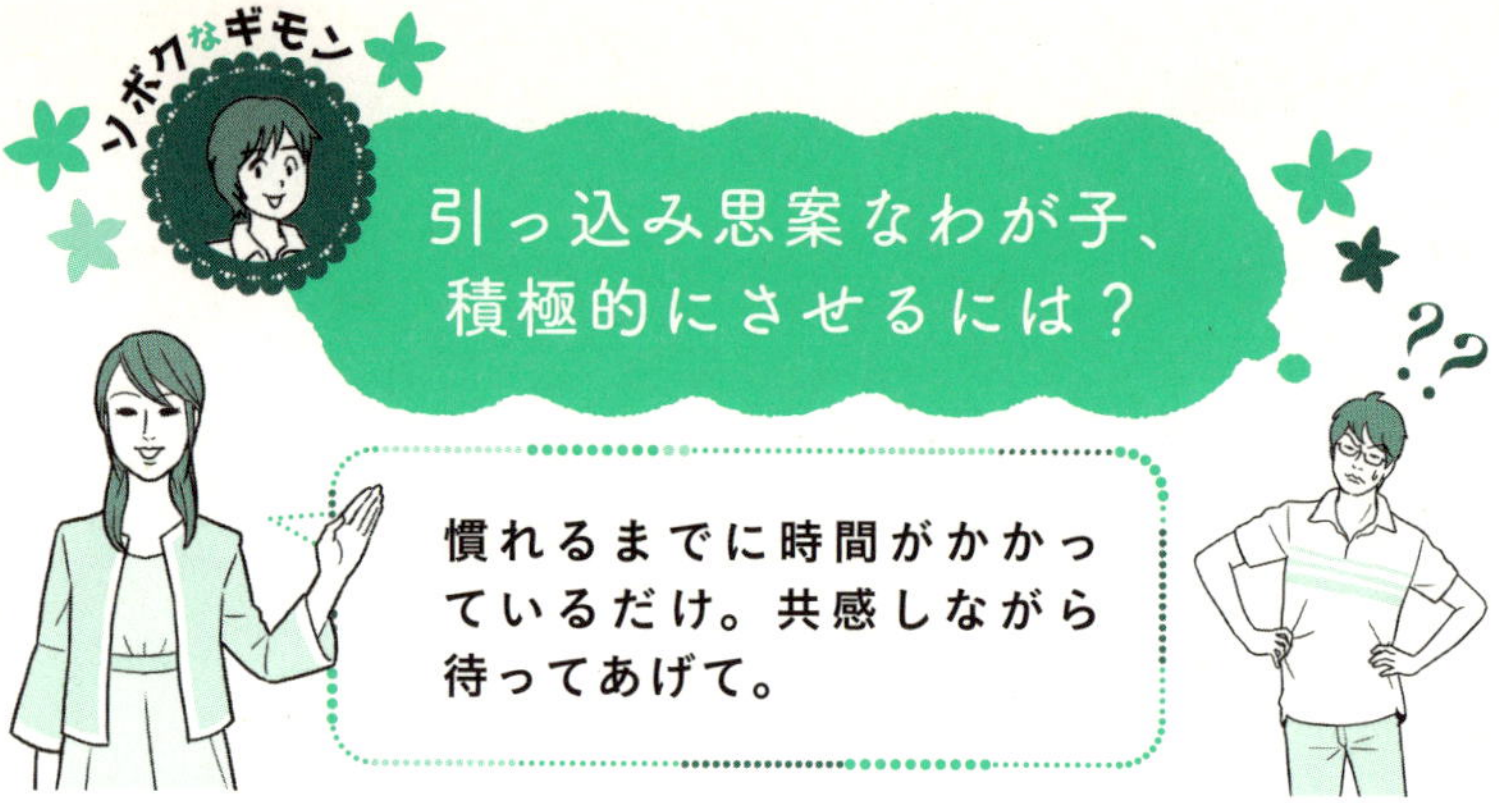

引っ込み思案なわが子、積極的にさせるには？

慣れるまでに時間がかかっているだけ。共感しながら待ってあげて。

たり、ママにとっての〝いい子〟ではないと思ったりするときは、どんなタイプの子であっても遅かれ早かれ必ず来ます。

手がかかってしまうとき、それは紛れもなく子どもの成長の一段階。そういう時期が訪れて当然ですし、むしろないと大変なことにもなってしまいます。ですから、

どんな変化もポジティブにとらえ、子どもと一緒に成長を楽しみましょう。

まわりの子と同じような〝いい子〟に子どもを当てはめようとすると、必ず壁にぶつかります。それよりも、子どもに共感してみましょう。落ち着きがなくて動き回ってしまう子であれば「ウチの子、元気すぎて困っちゃう！」、こだわりの強い子であれば「個性的な子だな～。もしかしてすごいクリエイターになるかも⁉」と、笑い飛ばしてしまうくらいでも大丈夫なのです。

実はこの「子どもに共感する姿勢」は、そのときはちょっぴり大

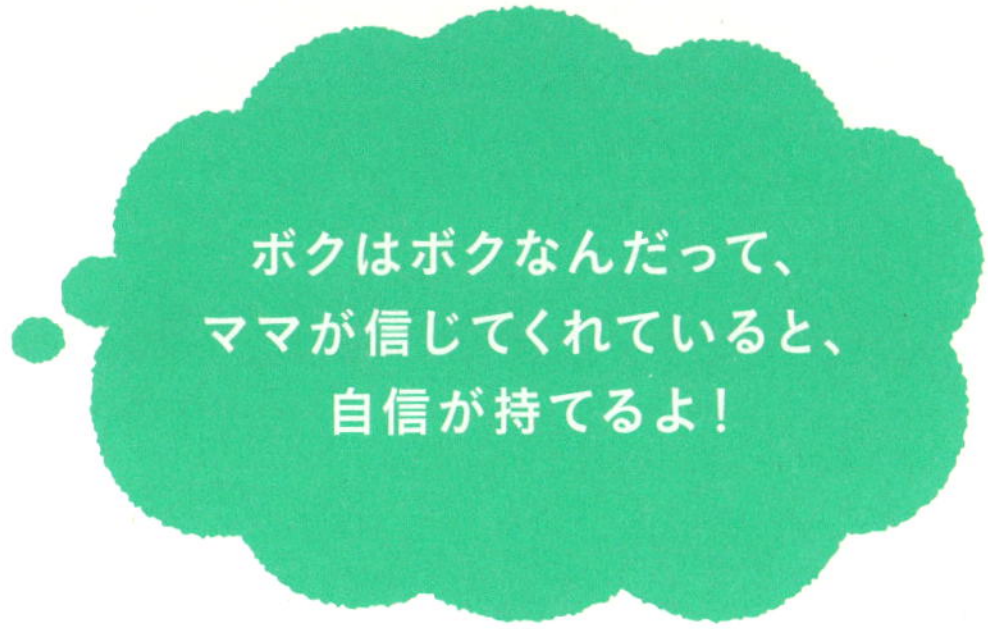
ボクはボクなんだって、
ママが信じてくれていると、
自信が持てるよ！

その子その子の個性を認めてあげましょう

変でも、あとあとママがとても楽になります。誰かと比べたりせずに自由にのびのび育つことで、好奇心や自立心が旺盛な子どもに育ちます。自分から好きなことややりたいことに夢中になってくれるので、ママも安心して応援できるようになるでしょう。

少々強い言い方になってしまうかもしれませんが、人と違っていたっていいのです。むしろ**「みんなが言っているから自分もそうする」「テレビで言っていたから信じる」などと周囲に合わせるクセがついたまま大人になってしまっては、そちらのほうが心配というものです。もしかして、その〝みんな〟のほうが間違っていることも、あるかもしれないのですから。**

だからこそ、子どもの成長を誰かと比較するようなことはやめましょう。コツコツ頑張るのが向く子もいれば、あちこちに興味を持ったあとにやりたいことが決まる子もいます。書いて覚える子もいれば、見て覚える子もいます。**「この子はこの子」と認め、「ボクはこう思う」「私はこうしたい」と言える個性を伸ばしてあげましょう。**

何がなんでも信じてあげることが、子どもにとって一番の自信になる

「ピグマリオン効果」という言葉を聞いたことはありますか？

これは心理学で、

「この子はできる！」と信じてあげると本当にできるようになる

ということです。**人はまわりの人に期待されるほど、意欲がアップするもの。大好きなママがそう言ってくれるなら、子どもにとっては何よりの励ましになるのです。**ママが自分にそう言い聞かせ、子どもにも「あなたならできる」と声をかけてあげてください。

「ピグマリオン効果」と正反対なのが「ゴーレム効果」です。これは「そんなの無理よ」「失敗するんじゃない？」と否定的なことを言うと、本当にできなくなってしまうということ。特に、子ども自身を否定するようなことを言ってしまうと、自尊心や忍耐力はボロボロになってしまいます。**「何があっても、ママとパパはボクの味方なんだ」という安心感が、子どもの自信につながるのです。**

ソボクなギモン
失敗した子には
どう声がけをすべき？
「別のやり方でもいいんじゃない？」と、プロセスをアドバイスをしましょう。

おわりに

最後までお読みいただき、本当にありがとうございました。私自身も二人の男の子を育てた中で、子育てにおいても悩み、奮闘してきましたが、同時に自分の人生について、そして家族のあり方についてなど多くのことを考えさせられました。最近は育児を「育自」などと表したりもするように、子育てとはまさに自分と向き合うことなのかもしれません。

この本の監修に携わり、子どもが小さかった頃の多くの思い出がよみがえってきました。出産直後の病院で、わが子だけがまるで不満を抱えて生まれてきたかのように泣き叫び、不安になったこと。眠ってくれない子どもを毎晩抱っこしながらソファーで夜を過ごしたこと。アレルギー発作でぐったりした息子を抱え病院に行く途中、不安で涙が止まらなかったこと。ぜんそくの発作でこのまま呼吸が止まるのではないかとおびえたこと。6針も縫うけがをして泣き叫ぶ子どもに、「大丈夫よ」とつくり笑顔をしたこと……。

数えたらきりがありませんが、母親とは子どもの痛みをまるで自分のことのように、そして時には何倍にも感じるうえに、いざというとき、結局は見

主要参考文献

『一流の育て方――ビジネスでも勉強でもズバ抜けて活躍できる子を育てる』ムーギー・キム、ミセス・パンプキン著（ダイヤモンド社）

『お母さんのための「男の子」の育て方』高濱正伸著（実務教育出版）

『16万人の脳画像を見てきた脳医学者が教える「賢い子」に育てる究極のコツ』瀧 靖之著（文響社）

『いまの科学で「絶対にいい！」と断言できる 最高の子育てベスト55――IQが上がり、心と体が強くなるすごい方法』トレーシー・カチロー著、鹿田昌美訳（ダイヤモンド社）

『10歳までの子育ての教科書』アスコム編（アスコム）

『子どもの才能は3歳、7歳、10歳で決まる！――脳を鍛える10の方法』林 成之著（幻冬舎）

守ることしかできないのかもしれません。

そんな私が唯一恵まれていたことは、多くの親子と関わる中で、いろんな方の子育てについて知っていたことです。子育てで悩んでいるのは自分だけではないんだと慰められたこと。どんなにいい子でも時には親を驚かせ泣かせるほどの悪いことをしでかしたり、どんな悪い子でも素直で温かい一面を持っているんだと覚悟ができたこと。そして何より、つらい子育ての時期はあっという間に過ぎ去り、すべてが笑い飛ばせる想い出になるということ。

この本では、科学的データも交えながら子育てに役立つ情報をご紹介させていただきました。子育て中に知っておいたほうがいい知識はたくさんあります。ですが親子に関わる仕事をして20年が過ぎた今、一番大切だと思うことは、やはり母親が子どもの成長を信じ、笑顔でいることではないかと思います。日ごろ頑張っているお母さんが、「やらなくてはいけないこと」の束縛から少しでも解放され、あっという間に過ぎ去ってしまう子育ての時期を楽しむお手伝いができれば幸いです。

竹内エリカ

監修 **竹内エリカ**（たけうち えりか）

幼児教育者。日本キッズコーチング協会理事長。２児の母。15,000人以上に指導してきた実績を元に、子どもの認知特性を活かした指導法“キッズコーチング法”を考案、実践している。著書に『男の子の一生を決める０歳から６歳までの育て方』（中経出版）など。

トキオ・ナレッジ

誰でも知っていることはよく知らないけれど、誰も知らないようなことには妙に詳しいクリエイティブ・ユニット。弁護士、放送作家、大手メーカー工場長、デザイナー、茶人、ライター、シンクタンクSE、イラストレーター、カメラマン、新聞記者、ノンキャリア官僚、フリーター、主夫らで構成される。著書に『正しいブスのほめ方 プレミアム』（宝島社）、『「もう心が折れそう！」というときすぐ効く仕事のコツ大全』（PHP研究所）など。

STAFF

企画・構成　坂尾昌昭（トキオ・ナレッジ）
編集　出口圭美（株式会社G.B.）
イラスト　栗生ゑゐこ
デザイン　山口喜秀（G.B. Design House）
DTP　徳本育民（G.B. Design House）

企画・進行　田中寿典　海保有香（SDP）
営業　川崎 篤　武知秀典（SDP）
宣伝　大塩秀太（SDP）

忙しいママでもイラストでわかる！
ウチの子の才能がグングン伸びる
0歳から10歳までの子育て習慣

発行　2017年11月25日　初版　第1刷発行

監修　竹内エリカ
著者　トキオ・ナレッジ
発行人　岩倉達哉
発行所　株式会社SDP
〒150-0021　東京都渋谷区恵比寿西2-3-3
TEL　03-3464-5882（第一編集部）
TEL　03-5459-8610（営業部）
http://www.stardustpictures.co.jp

印刷製本　図書印刷株式会社

ISBN978-4-906953-50-9